*Verkehrsverein*

# Insel Juist

*Das vornehme Familienbad der Nordsee (1935)*

*Verkehrsverein*

**Insel Juist**

*Das vornehme Familienbad der Nordsee (1935)*

ISBN/EAN: 9783954274062
Erscheinungsjahr: 2014
Erscheinungsort: Bremen, Deutschland

© maritimepress in Europäischer Hochschulverlag GmbH & Co. KG, Fahrenheitstr. 1, 28359 Bremen. Alle Rechte beim Verlag und bei den jeweiligen Lizenzgebern.

www.maritimepress.de | office@maritimepress.de

Bei diesem Titel handelt es sich um den Nachdruck eines historischen, lange vergriffenen Buches. Da elektronische Druckvorlagen für diese Titel nicht existieren, musste auf alte Vorlagen zurückgegriffen werden. Hieraus zwangsläufig resultierende Qualitätsverluste bitten wir zu entschuldigen.

*Verkehrsverein*

# Insel Juist

*Das vornehme Familienbad der Nordsee (1935)*

# Was bietet Juist?

Jagd auf Seehunde und Wasservögel, Segel- und Motorbootsfahrten, Strandburgen-Wettbewerbe, Foto-Wettbewerbe, Kinderfeste, Reunions, Tanzturniere, Feuerwerk, Tennissport und Tennisturniere, Reitsport für Erwachsene und Kinder. Kurmusik-Übertragung in dem neuerrichteten Kurgärten

# INSEL Juist

DAS VORNEHME FAMILIENBAD DER NORDSEE

## Schöner, breiter, 17 km langer buhnenfreier Strand

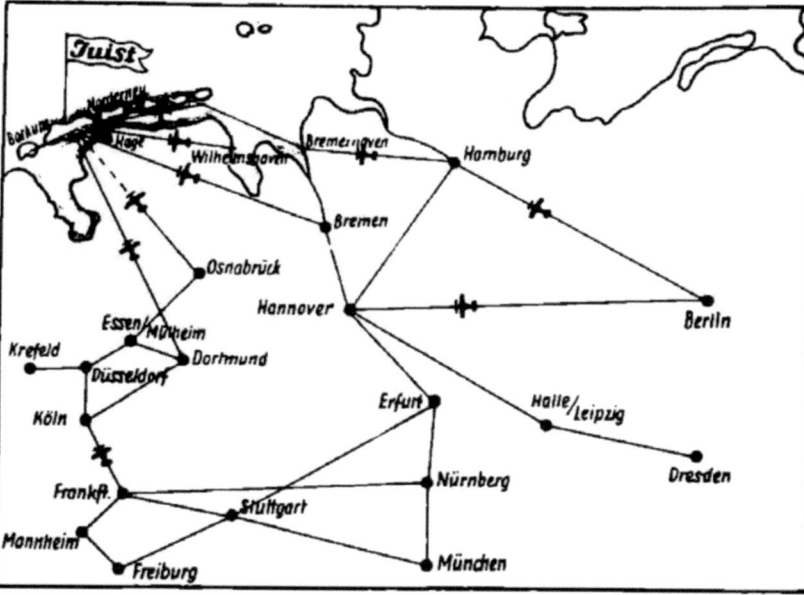

# INSEL JUIST

## DAS VORNEHME FAMILIENBAD DER NORDSEE

### FLUGVERKEHR VON UND NACH JUIST VOM 29. 6. BIS 9. 9. 1935

Durch die flugplanmäßigen Luftverkehrsstrecken der Deutschen Lufthansa ist das Nordseebad Juist an das große internat. Luftverkehrsnetz angeschlossen u. besitzt hierdurch ausgezeichnete Luftverbindungen nach vielen in- u. ausl. Flugplätzen. Durch die Benutzung der Luftwege kann die An- u. Abreise auf ein Mindestmaß von Zeit herabgesetzt werden. Die Kosten für die Reise im Flugzeug sind im allgemeinen keineswegs höher als die andrer Reisen, deren Zurücklegung weniger schnell erfolgt u. dadurch höhere Nebenkosten verursacht. Die Sätze ermäßigen sich noch durch Ausnutzung der Rückflugermäßigung, die bei gleichzeitiger Lösung des Rückflugscheins gewährt wird. Gepäck bis zu 15 kg wird frei befördert. Alle bedeutenderen Reisebüros u. Dienststellen der Deutschen Lufthansa geben unverbindl. Auskünfte. Dort sind auch kostenl. Flugpläne zu erhalten.

|  | Flugdauer Std. | Flugpreis RM. |  | Flugdauer Std. | Flugpreis RM. |
|---|---|---|---|---|---|
| Berlin | 3¹/₄ | 63.— | Frankfurt | 4²/₄ | 59.— |
| Breslau* |  |  | Halle/Leipzig | 6¹/₂ | 63. |
| Chemnitz | 7 | 73.— | Hamburg | 1⁰/₄ | 38. |
| Danzig* | 5 | 108. | Köln | 2¹/₄ | 35. |
| Dortmund | 3¹/₂ | 32.— | Königsberg* | 6 | 118. |
| Düsseldorf | 2 | 35.— | München | 7 | 103. |
| Essen | 1²/₄ | 32.— | * Bahnverbindung bis Berlin |  |  |

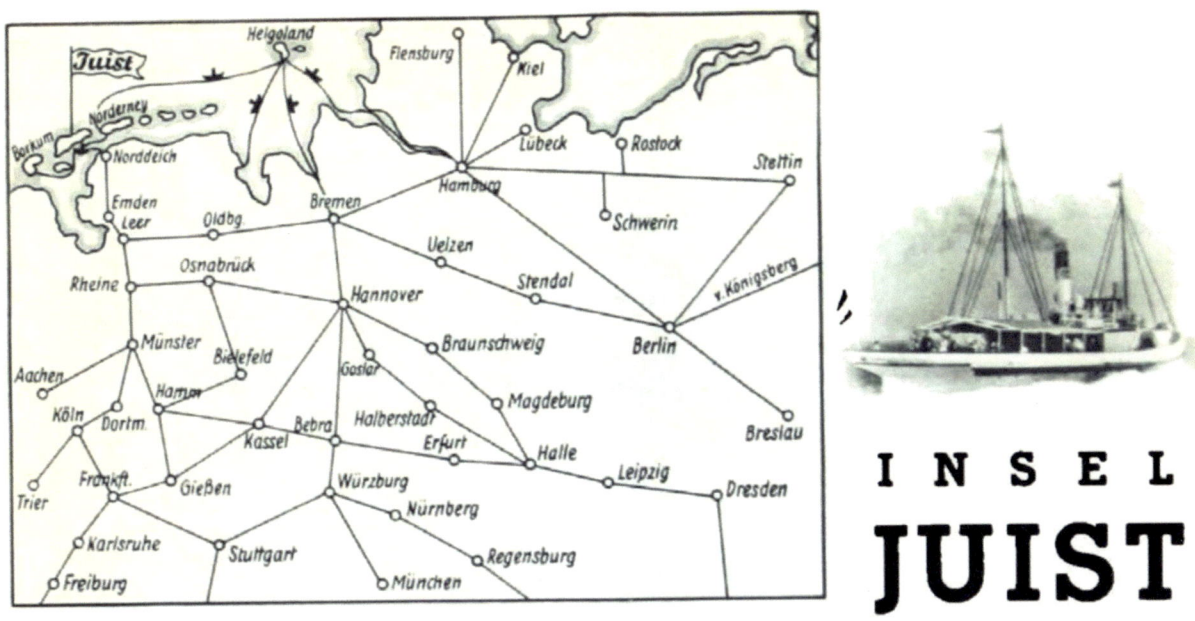

# INSEL JUIST

## SCHÖNER, BREITER, 17 km LANGER BUHNENFREIER STRAND

### REISEWEGE NACH JUIST · REISEVERBINDUNGEN ÜBER NORDDEICH

Der direkte und bequemste Reiseweg nach und von Juist geht über **Norddeich** als Endstation der Eisenbahnverbindungen Köln oder Düsseldorf—Wuppertal-Barmen—Wuppertal-Elberfeld—Hagen—Hamm, Frankfurt a. M.—Hamm, Erfurt—Kassel—Hamm—Münster—Rheine—Emden—Norddeich bzw. Berlin—Stendal, Leipzig—Magdeburg—Stendal—Bremen, Hannover—Bremen, Hamburg—Bremen—Norddeich. Die Züge fahren sämtlich zur Dampferanlegestelle (überdachter Bahnsteig) auf der Mole. Von hier erreicht man in reichlich einstündiger, auch bei schlechtem Wetter bequemer Fahrt mit Salon-Dampfern oder dem modernen Motor-Schnellschiff FRISIA VI die Landungsbrücke an der Südseite der Insel. — Die Verbindung zwischen Landungsbrücke und Inseldorf wird durch die Inselbahn hergestellt. — Die A.-G. Reederei Norden-Frisia, Norddeich (Fernsprecher Amt Norden Nr. 2641 und 2642) gibt alljährlich für den Sommer und Winter ein Fahrplanheft heraus, das den Reisenden erschöpfende Auskunft erteilt über die Schiffsverbindungen nach und von Juist und die Eisenbahnanschlüsse mit besonderer Berücksichtigung der durchgehenden Schnell- und Eilzüge nach Norddeich. Das Fahrplanheft wird auf Wunsch kostenfrei zugestellt. Die Aushangfahrpläne für den Verkehr nach Juist sind in den Reisebüros und auf allen größeren Bahnhöfen der Reichsbahn einzusehen. — Durchgehende Fahrkarten und Gepäckabfertigung nach Juist (Bahnhof) über Norddeich erhalten die Reisenden auf allen Stationen der Reichsbahn. Für Automobilbesitzer: **Große neuzeitl. Autogarage der Reederei Norden-Frisia in Norddeich.** Unterstellung billig. Preise gestaffelt. Auskunft durch die Reederei. Als Autostraße für die Strecke Leer—Norddeich wird die Fahrt über Aurich empfohlen, da diese Straße am besten beschaffen ist.

Der Salondampfer „Juist"

Ankunft der Gäste auf der Landungsbrücke

Die Inselbahn trägt die Gäste zur Insel

## LAGE UND KLIMA

Von der Natur begünstigt durch Lage und Gestalt ist Juist zu einem Seebade wie geschaffen; fast drei deutsche Meilen von der ostfriesischen Küste entfernt, nach Norden durch hohe und starke Dünenketten geschützt, nach Süden zum Wattenmeer sanft abfallend, erstreckt sich die Insel in der Längsrichtung von Osten nach Westen. Sie hat bei einer Länge von 17 Kilometer nur eine Breite von $^1/_2$ Kilometer, so daß hier die heilkräftigen Faktoren des Seeklimas: die Milde und Reinheit der Luft, die Dichtigkeit und Feuchtigkeit, die gleichmäßige Temperatur, die starken, den Stoffwechsel anregenden Luftströmungen usw. besonders zur Geltung kommen.

Das große Familienbad sowie Damen- und Herrenbad liegen vor der neuerbauten Strandpromenade (siehe Lageplan). Von der Strandpromenade überblickt man das ganze Leben und Treiben am Strande und im Bade. Ein farbenprächtiges Bild.

Der starke jährliche Besuch des Bades veranlaßte die Badeverwaltung, vor dem Damenpfad ein zweites Familienbad zu errichten, um so den Gästen alle Bequemlichkeiten auf dem langen Badestrand zu bieten.

**Der Stolz von Juist ist sein herrlicher, breiter, durch keine Buhnen unterbrochener, 17 km langer, reiner Naturstrand, wo sich das Haupttreiben des Tages abspielt. Er kann von allen Häusern, was bei keiner anderen Insel möglich ist, innerhalb 1-3 Minuten erreicht werden.**

Besonders sei noch darauf hingewiesen, daß bereits die Monate Mai und Juni sich schon zu einem Sommerkuraufenthalt durchaus eignen.

Rathaus

Evangel. Kirche

Wasser- u. Aussichtsturm

Teilansicht der Lesehalle

Postamt

Kathol. Kirche

Phot. Brunke, Juist

*Achten Sie bitte auf den Lehr- u. Kulturfilm: Die Heilkräfte der Nordsee*

Hindenburg-Platz

Leben und Treiben im Ort

Hindenburg-Platz

Die Temperatur in diesen Monaten ist erfahrungsgemäß recht günstig und daher der Besuch in diesen Monaten allen denen zu empfehlen, die nicht an die Schulferien gebunden sind.

## AUSFLÜGE

Schon die nächste Umgebung Juists bietet Gelegenheit zu lohnenden Spaziergängen. Unmittelbar am Ort beginnen die Dünen, sie zeichnen sich durch Größe und Mannigfaltigkeit der Formen aus; wild zerrissen, bald als vereinzelte Kegel, bald als breite, wellenförmige Rücken oder als schmale Kämme, durch Mulden und Schluchten unterbrochen und herrliche Täler einschließend. Im Osten (10 Min. vom Rettungsweg) befindet sich ein herrlicher Goldfischteich, der verschiedene kleine Inselchen aufweist, dahinter auf hoher Düne der Ausflugsort Wilhelmshöhe und der Kalfamer Flugplatz. Im Westen, 10 Minuten vom Orte entfernt, liegt die „Schule am Meer", der Ausflugsort Loog, 5 Minuten weiter die neue Domäne Loog und am Westende der Insel die Domäne Bill. Für größere Ausflüge auf der Insel stehen Wagen sowie Reitpferde zur Verfügung. Auch finden Tagesfahrten nach den Nachbarinseln Norderney, Borkum und nach Helgoland statt. Ein Besuch der Vogelkolonie Memmert, die nur durch eine Wasserstraße von geringer Breite von der Domäne Bill getrennt liegt, ist besonders zu empfehlen.

## DIE BEDEUTUNG JUISTS ALS HEILBAD
von Badearzt Dr. med. Hense

Während man noch vor zwanzig Jahren die herrliche Insel hauptsächlich wegen ihres unübertroffenen Strandes aufsuchte, haben sich mehr und mehr Gäste eingefunden, die erkannt haben, daß das außerordentlich schmale, langhingezogene Eiland besonders günstige Bedingungen zur Heilung bestimmter Krankheiten

Hauptstraße zum Strande

und krankhafter Grundanlagen bietet. Gleicht die Insel doch fast einem großen Schiff, das durch die Meere zieht, so nahe treten die Wogen von Norden und Süden an den Ort heran. Ständig, wie bei einer Seefahrt, weht hier überall, auch zwischen den Häusern des Badeortes, der erfrischende Seewind und führt die völlig keimfreie, jodenthaltende Salzluft mit sich. Es ist, als hielte man sich ständig an der Saline eines Soolbades auf. Wie in einem solchen Bade wirken auch, wenn in der richtigen Dosierung genommen, die ganz hervorragenden heißen Seebäder, die für rheumatische Leiden, Frauenleiden, Skrofulose und konstitutionelle Krankheiten geeignet sind. Ganz besonders wirkt die eigentümliche Zusammensetzung der Luft

Wilhelmstraße — Phot. Brunke, Juist

aber auf alle akuten und chronischen Katarrhe der Atemwege sowie auf Folgezustände von Grippe, Lungen- und Rippenfellentzündung. Immer mehr Heufieberkranke suchen in der für sie schlimmen Jahreszeit die Insel auf, um hier von ihren Qualen befreit zu leben. Auffallend ist, wie sich von Jahr zu Jahr die Zahl der Kurgäste vermehrt, die auch im Winter wegen Asthma und nervösen Erschöpfungszuständen längere Zeit hier verweilen. Sie erklären übereinstimmend, daß hier die Erleichterung

Ewig wallen die Wogen an den Strand    endlose Weite

Die Brandung ist überwältigend

Phot. Brunke, Ju

*Abendstimmung*

Achten Sie bitte auf den Lehr- u. Kulturfilm: Die Heilkräfte der Nordsee

ihres Zustandes wohl langsamer als im Hochgebirge einträte, dafür aber viel länger vorhalte. Zu alledem kommt die Sonnenkraft, die, viel wertvoller als jede künstliche Höhensonne, der des Hochgebirges völlig gleichkommt und, noch verstärkt durch die Rückstrahlung vom Sande und der endlosen, glitzernden Wasserfläche, eine hervorragende Heilkraft auf Hals- und Lungendrüsenleiden und Blutarmut aller Art ausübt. Leicht Herzkranke und Gefäßleidende, bei denen es besonders auf eine Kräftigung des Gesamtorganismus ankommt, werden hier einen großen Erfolg haben. Wer alle Jahre ein Nordseebad aufsucht, wird seinem Leben viele Jahre hinzufügen. Weil es sich aber bei warmen und kalten Seebädern um sehr kräftige Einwirkungen auf den Körper handelt, so sind langjährige Erfahrungen notwendig, um zu beurteilen, in welcher Weise dieselben genommen werden müssen, um heilend und nicht schädlich zu wirken. Ungeeignet ist die Inselluft für Lungentuberkulose und schwere Herzleiden. Alle anderen Krankheiten aber werden hier günstig beeinflußt, und es ist erstaunlich zu sehen, wie wenige Wochen auf Juist verlebt auf nervöse und geschwächte Menschen einwirken, wie Mangel an Energie, Appetit- und Schlaflosigkeit dahinschwinden, neuer Lebensmut und Körperfrische wiederkehren und der Kurgast als neugeborener Mensch das Nordseebad verläßt. Besonders bekannt aber ist Juist als Kinderbad. Wer erst einmal selbst beobachtet hat, wie unvergleichlich sich auch gesunde Kinder in ihrer Leistung und Widerstandskraft an der See steigern, mehr als in jedem andern Ferienaufenthalt, der wird seinen Kindern jedes Jahr das Glück zuteil werden lassen, sich auf dem breiten, endlosen Strande von Juist, dem schönen und großen Spielplatz, zu erholen.

*Vom Badeleben*

Fidele Gesellschaft

In der schönen Brandung

Im Familienbad

Endlos der Strand, das Meer und die Welte

*Achten Sie bitte auf den Lehr- u. Kulturfilm: Die Heilkräfte der Nordsee*

Starker Nordwest braust über die Zeltstadt auf Juist

## Oldenburgische Landesbank
**(Spar- und Leihbank) A.-G. / Filiale Norden**

Reichsbank-Girokonto / Postscheckkonto Hannover 51375
Fernruf 2457 Norden

**Erledigung sämtlicher bankmäßigen Geschäfte / Aufbewahrung von Saisongeldern / Akkreditivzahlungen**

**Geschäftsstelle Juist: Wilhelm Altmanns, Villa Altmanns**
Wilhelmstraße 50, Fernruf 36

## Reise- und Verkehrsbüro Reinhd. Behrends

Bahnhofstraße   Fernsprecher 75

Vertretungen des Norddeutschen Lloyd Seebäderdienst Bremen, der Hapag Seebäderdienst G. m. b. H. Hamburg und der Deutschen Lufthansa A.-G. Berlin.
Von Juni bis September täglich fahrplanmäßiger Dienst Juist—Norderney mit Anschluß über Helgoland nach Bremerhaven—Hamburg usw.
Lustfahrten, Segelpartien, **Rundflüge** Fahrkartenausgabe Flugscheine, Gepäckversicherung Auskunft, Fahrpläne, Prospekte

## DIE BADEANSTALTEN

1. Warmbadeanstalt (Eröffnung 15. Mai),
2. Herren-, Damen-, Familienstrand- und Luftbad (Eröffnung 15. Mai).

### GEBÜHREN

#### 1. Warmbadeanstalt

Seewasserwarmbad für Erwachsene 2 RM
Seewasserwarmbad für Kinder unter 12 Jahren 1 RM
**An denjenigen Tagen, wo Inhaber von Kurkarten keine Seebäder nehmen, erhalten sie für die Benutzung der Seewasserwarmbäder 50% Ermäßigung.**
Karten in der Warmbadeanstalt

#### 2. Die Strand-, See- und Luftbäder können von Inhabern von Kurkarten frei benutzt werden.

Im geschlossenen Bademantel kann jeder Badegast von der Wohnung zum Bad gehen. Für die Benutzung von Ankleidezellen wird eine Gebühr von 10 Pf. erhoben. Die Kurkarten sind vorzuzeigen.
Seebäder für Passanten 1 RM Karten an der Badekasse
Das Baden außerhalb der Badeanstalten lebensgefährlich und daher durch Polizeiverordnung verboten

## UNTERKUNFT

Juist kann sehr viele Gäste aufnehmen und die einfachsten sowie die verwöhntesten Ansprüche befriedigen.

## VERPFLEGUNG

Die Verpflegung in den Hotels sowohl als auch in den Pensionshäusern ist anerkannt vorzüglich und reichlich sowie derart billig, daß es jedem Erholungsuchenden im eigensten Interesse empfohlen werden kann, seine Ferien auf Juist zu verbringen.

## ORDNUNG

betr. die Vermietung von Zimmern an die Kurgäste auf der Inselgemeinde Juist.

§ 1.

Die Miete von möblierten Zimmern wird durch §§ 535 u. f des BGB. geregelt, insbesondere umfaßt sie das Recht

auf ausschließliche Benutzung der gemieteten Räume samt der erforderlichen oder bei der Besichtigung vorhandenen Einrichtung;

auf Mitbenutzung der für die Gäste bestimmten gemeinschaftlichen Räume und Einrichtungen;

auf Bettwäsche, welche 14tägig zu wechseln ist, und auf 2 Handtücher pro Person und Woche, Kinder 1 Handtuch;

auf Beleuchtung der Flure und Treppen von Eintritt der Dunkelheit bis 10 Uhr abends.

5. auf Bereithaltung des notwendigen Dienstpersonals.

Waschen und Kochen im Zimmer sowie das Anschließen eigener elektrischer Apparate an die Lichtleitung ist nur mit Zustimmung des Vermieters gestattet. Dasselbe gilt für eine evtl. Untervermietung.

§ 2.

Das Mietverhältnis (Pensionsabkommen) gilt, soweit nichts anderes vereinbart wird, stets für volle Wochen. Die Mietwoche beginnt mit dem Tage des Einzuges bzw. dem als Einzugstag vorher vereinbarten Tage. Der Tag des Mietbeginns und der Tag der Abreise gelten soweit die Wohnungsmiete in Betracht kommt zusammen als 1 Tag wenn die Zimmer bis 4 Uhr nachmittags geräumt sind hinsichtlich der Verpflegung kommt die über die jeweilige Ankunftszeit hinaus beanspruchte Verpflegung besonders zur Berechnung. Solange das Mietverhältnis nicht gekündigt wird, setzt es sich um eine Woche fort falls nicht der Endtermin der Miete vorher vereinbart war. In allen

*Achten Sie bitte auf den Lehr- u. Kulturfilm: Die Heilkräfte der Nordsee*

## Strandburgen auf Juist

*See, Sonne, Sand – im Kinderland*

Phot. Bittner, Charlottenburg

Fällen sind besondere Vereinbarungen zwischen Vermieter und Mieter zugelassen.

§ 3.

Der Pensionspreis wird in der Regel tageweise, der Mietpreis wochenweise vereinbart und dem Mieter samt den sonstigen Ansprüchen am Schluß der Woche in Rechnung gestellt. Zahlung ist spätestens am nächsten Tage zu leisten. Steigerung und Ermäßigung des Mietpreises ist nur unter Einhaltung der ordentlichen Kündigungsfrist statthaft.

§ 4.

Das Mietverhältnis (Pensionsabkommen) kann jederzeit mit wöchentlicher Kündigung beiderseits gelöst werden, wenn nicht von vornherein ein längerer Zeitraum vereinbart ist. Verlassen der Wohnung ohne Kündigung oder Ableben des Mieters gelten als Kündigung für den nächstzulässigen Kündigungstermin. Verläßt ein Mieter die Wohnung innerhalb der Kündigungsfrist, so hat er die Miete für die laufende Woche, vom Tage der Kündigung an gerechnet, zu entrichten. Der Mieter hat, wenn nichts anderes vereinbart wird, auch dann keinen Anspruch auf Rückerstattung der gezahlten Miete, wenn der Vermieter für die Zeit der Kündigungswoche die Wohnung anderweitig vermietet.

§ 5.

Die sofortige Lösung des Mietverhältnisses ohne Kündigungsfrist ist durch die §§ 542, 544 BGB. geregelt; außerdem gelten noch folgende Punkte.

1. Der Mieter kann sofort kündigen:

a) wenn ihm die im § 1 aufgeführten Rechte nicht eingeräumt, entzogen oder derart beeinträchtigt werden, daß ihm der Verbleib im Hause billigerweise nicht zugemutet werden kann;

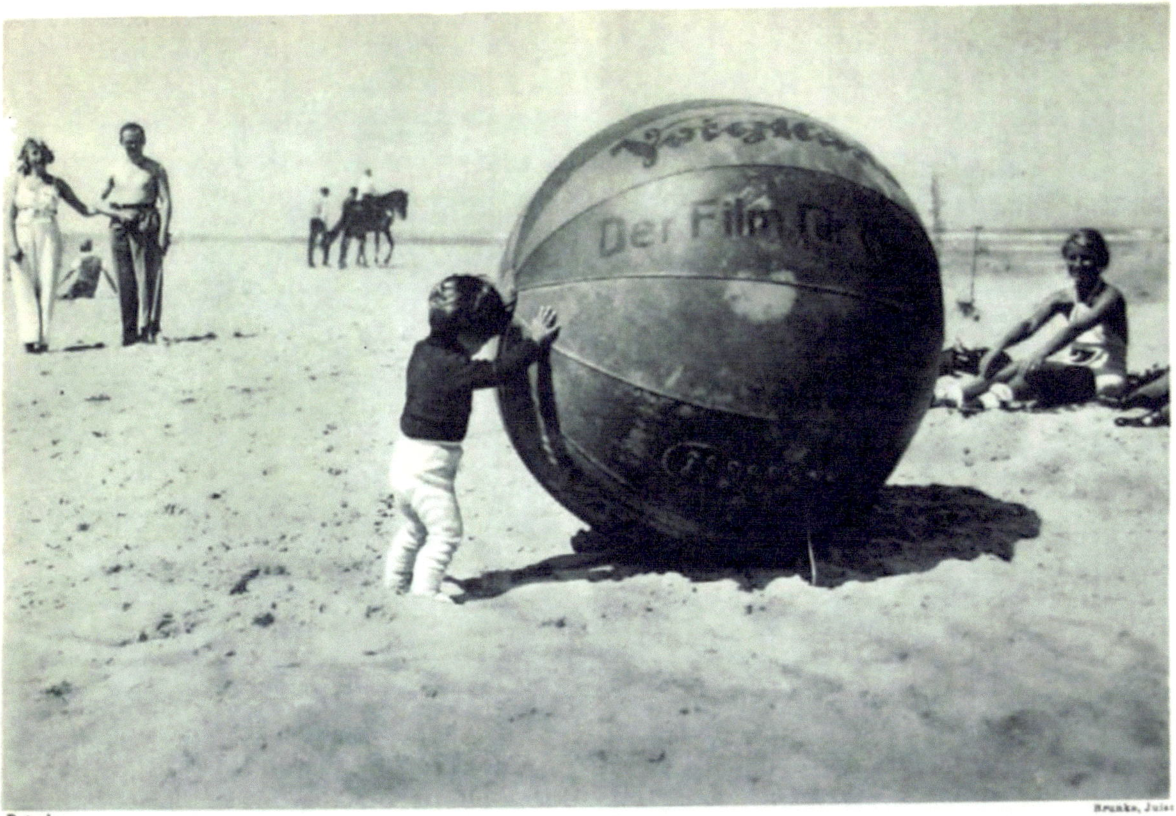


Peterle

Brunke, Juist

Brunke, Juist

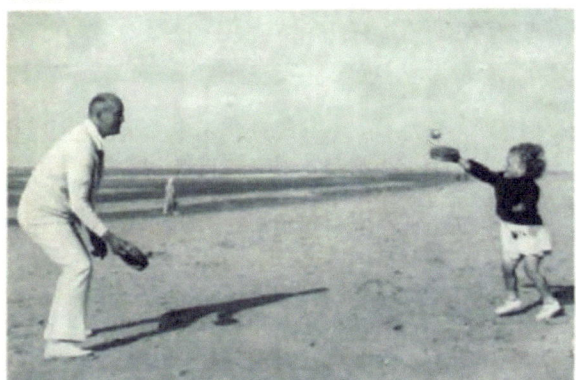

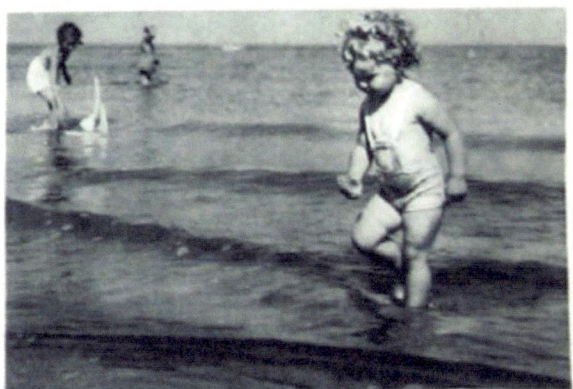

Achten Sie bitte auf den Lehr- u. Kulturfilm: Die Heilkräfte der Nordsee

Dem Mutigen gehört die See  
Phot. H. Bittner, Charlottenburg

b) wenn die Mieträume an sich nach badeärztlichem Gutachten gesundheitsschädlich sind;

in allen Fällen aber erst dann, wenn der Vermieter vom Grunde der beabsichtigten Vertragslösung verständigt und nicht bereit oder in der Lage ist, sofort Abhilfe zu schaffen. Erleidet der Mieter durch Verschulden des Vermieters nachweisbaren Schaden, so kann er von letzterem Ersatz beanspruchen.

2. Der Vermieter kann sofort kündigen:

a) wenn die vermieteten Räume oder deren Einrichtungen vom Mieter oder einer in seiner Begleitung befindlichen Person mutwillig beschädigt werden;

b) wenn der Mieter oder eine in seiner Begleitung befindliche Person die Mitbewohner des Hauses trotz Mahnung wiederholt erheblich belästigt oder dem letzten Absatz § 1 zuwiderhandelt. Bei Verschulden des Mieters oder einer in seiner Begleitung befindlichen

Person kann der Vermieter für nachweisbaren Schaden Ersatz beanspruchen.

§ 6.

Für die Bedienung einschl. Schuhputzen, Licht und Wasser kann 10% Zuschlag erhoben werden. Außergewöhnliche Dienstleistungen, wie Gepäckabholung, sind besonders und sofort zu vergüten. Die Bedienung umfaßt die Reinigung von Wasch- und Nachtgeschirr, die Lieferung von Wasch- und Trinkwasser sowie das Trink- und Tischwasser für die Mahlzeiten.

§ 7.

Mietstreitigkeiten aus Anlaß des Mietverhältnisses sind zunächst dem Gemeindeschulzen, im Verhinderungsfalle einem von diesem zu bestimmenden Stellvertreter zur Vermittlung vorzutragen. Kommt vor diesem eine gütliche Einigung nicht zustande, so steht der Rechtsweg offen. Der Mieter kann durch Sicherheitsleistungen beim Gemeindeschulzen die Ausübung des Pfand- und Selbsthilferechtes des

Vermieters abwenden. Die Höhe der Sicherheitsleistung wird durch den Gemeindeschulzen bestimmt. Gerichtsstand für beide Parteien ist das Amtsgericht Norden. In Fällen, in denen Mieter und Vermieter durch gleichlautende schriftliche Erklärung sich damit einverstanden erklärt haben, kann der Gemeindeschulze oder sein Vertreter die Streitigkeit auch ohne gütliche Einigung entscheiden. Die Entscheidung des Schiedsrichters ist als endgültig anzusehen.

## VERWALTUNG

Juist ist ein Gemeindebad. Die Verwaltung des Bades untersteht der Badedirektion mit dem Vorsitzenden, Gemeindeschulzen und Badedirektor. Sprechstunden vormittags von 9 bis 11 Uhr im Dienstzimmer des Rathauses. Öffentliche Dienststunden im Geschäftszimmer (Rathaus): 8 bis 13 Uhr und von 15 bis 18½ Uhr. Hauptkassenstunden bis 17 Uhr. Kurkarten können bis zum Dienstschluß gelöst werden.

## SONSTIGE NACHWEISE

**Post-, Telegraphen- und Fernsprechamt:** Friesenstraße.

**Badearzt:** Dr. med. Ernst Hensell, Friesenstraße. Sprechstunden 10—11 und 17—18 Uhr.

**Zahnarzt:** Dr. Schmidt, Billstraße.

**Apotheke:** Hermann-Göring-Straße.

**Drogerien:** Stranddrogerie dem Rathaus gegenüber. Inseldrogerie, Bahnhofstraße.

**Prospektausgabestelle:** Rathaus, Zimmer 3.

**Fundbüro:** Rathaus, Zimmer 2.

**Eisenbahnverwaltung,** Gepäck- und Güterabfertigung, Fahrkartenausgabestelle, Auskunftstelle für Verkehrsangelegenheiten: am Bahnhof.

**Zollamt:** Wilhelmstraße.

**Gendarmerie:** Ulerstraße 1.

**Kirchen:** Evangelisch-lutherische Kirche, Wilhelmstraße. Gottesdienst Sonntags 10 Uhr Hauptgottesdienst, 14 Uhr Kindergottesdienst. Donnerstags 20 Uhr: Bibelstunde im Kirchengemeindesaal (Pfarrhaus); Sonnabends 20 Uhr Wochenendandacht.
Katholische Kirche, Dünenstraße. Gottesdienst zu den im Fremdenanzeiger näher bekanntgegebenen Zeiten

## Kinderfreuden am Strande

Dünen am Meer

Achten Sie bitte auf den Lehr- u. Kulturfilm: Die Heilkräfte der Nordsee

Durchblick auf den Strand

## SONSTIGE NACHWEISE Fortsetzung

**Schulwesen:** Höhere Privatschule, Wilhelmstraße; Volksschule. Fremdenschulgeld wird nicht erhoben.

**Banken:** Juister Bank (Genossenschaftsbank), Wilhelmstraße, Villa Charlotte; Ostfriesische Bank, Filiale der Oldenburgischen Spar- und Leihbank, Wilhelmstraße. **Sparkasse** des Kreises Norden. Wilhelmstraße. Ostfriesische Sparkasse, Aurich, Agentur Juist, Wilhelmstraße.

**Gemeinnütziges:** Kanalisation, Wasserwerk, Elektrizitätswerk. Rettungsstation für Schiffbrüchige, meteorologische Station.

**Kurmittel:** Seebäder, Licht- und Luftbäder, warme Seebäder. Gymnastische Kurse am Strande. Tennisunterricht durch die Sportlehrerin Fräulein Anneliese Stecher.

Die **Badezeiten** sind aus dem in jedem Hause befindlichen Badekalender ersichtlich.

**Strandzelte** werden am Strande durch Privatunternehmer vermietet.

**Auskünfte** über Reise- und Verkehrsangelegenheiten geben sämtliche Reise- und Verkehrsbüros, Auskunftsstellen des Norddeutschen Lloyd, d. Hamburg-Amerika-Linie und das Reise- und Verkehrsbüro Behrends. Juist, Bahnhofstraße.

**Sonstige Auskünfte** werden bereitwilligst durch die Bade-Direktion erteilt.

Goldfischteich beim Brombeerenpflücken

Am Goldfischteich

Pirola                    Phot. Dr. Hans Paskert, Werden-Ruhr

Stranddistel oder Seemannstreu            Sanddorn            Phot. Kniep, Oldenburg i. O.

Phot. Dr. Hans Paskert, Werden-Ruhr

## DAS VI. ALLGEMEINE
# TENNIS-TURNIER

veranstaltet vom Turniervorstand Nordseebad Insel Juist (Mitglied des Deutschen Tennisbundes), findet auf den drei Ziegelmehlplätzen in den Dünen am Meere vom 18. bis 21. Juli 1935 statt

### NÄHERES DURCH DIE BADEVERWALTUNG
Garagen in Norden und Norddeich

*Achten Sie bitte auf den Lehr- u. Kulturfilm: Die Heilkräfte der Nordsee*

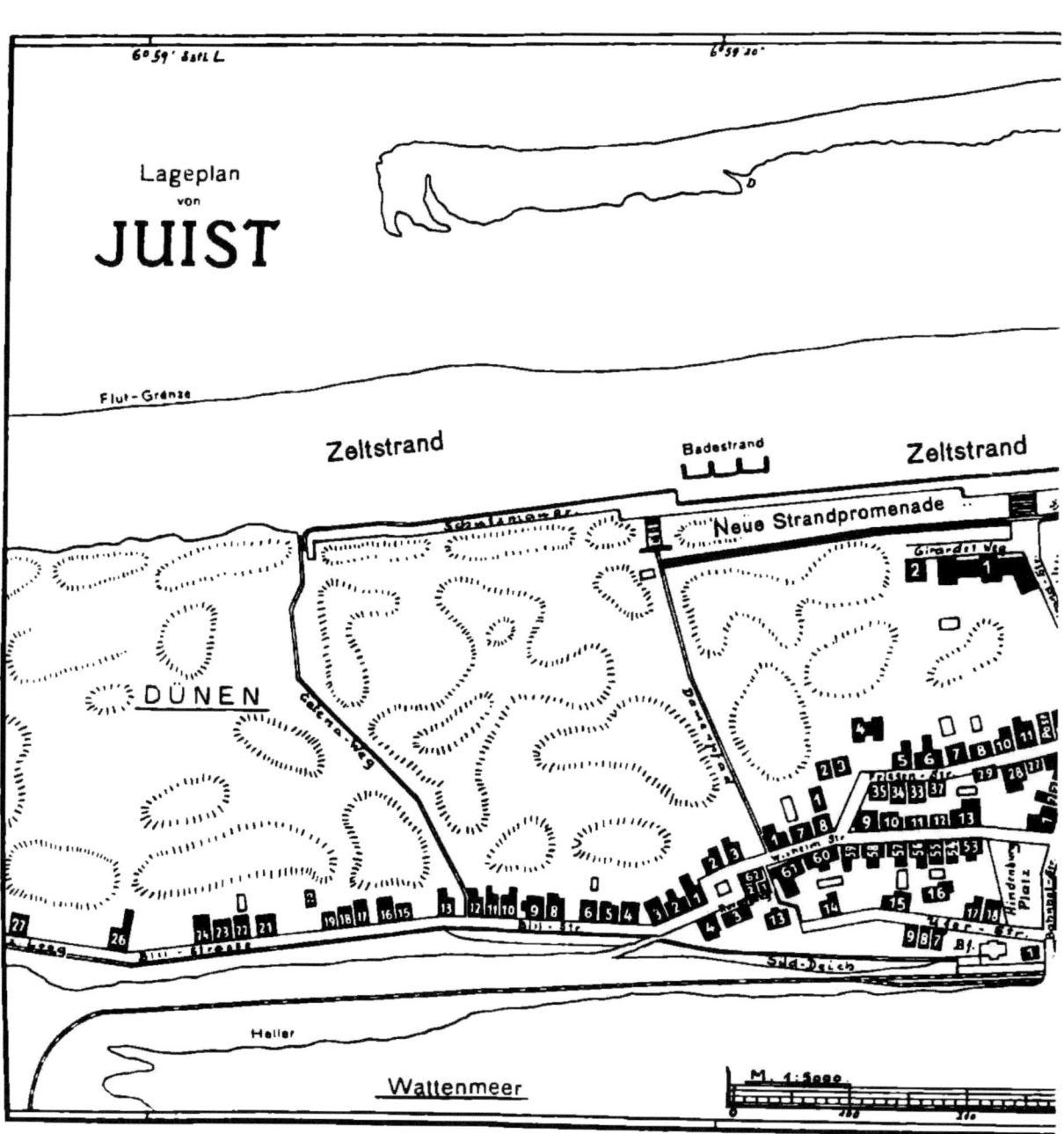

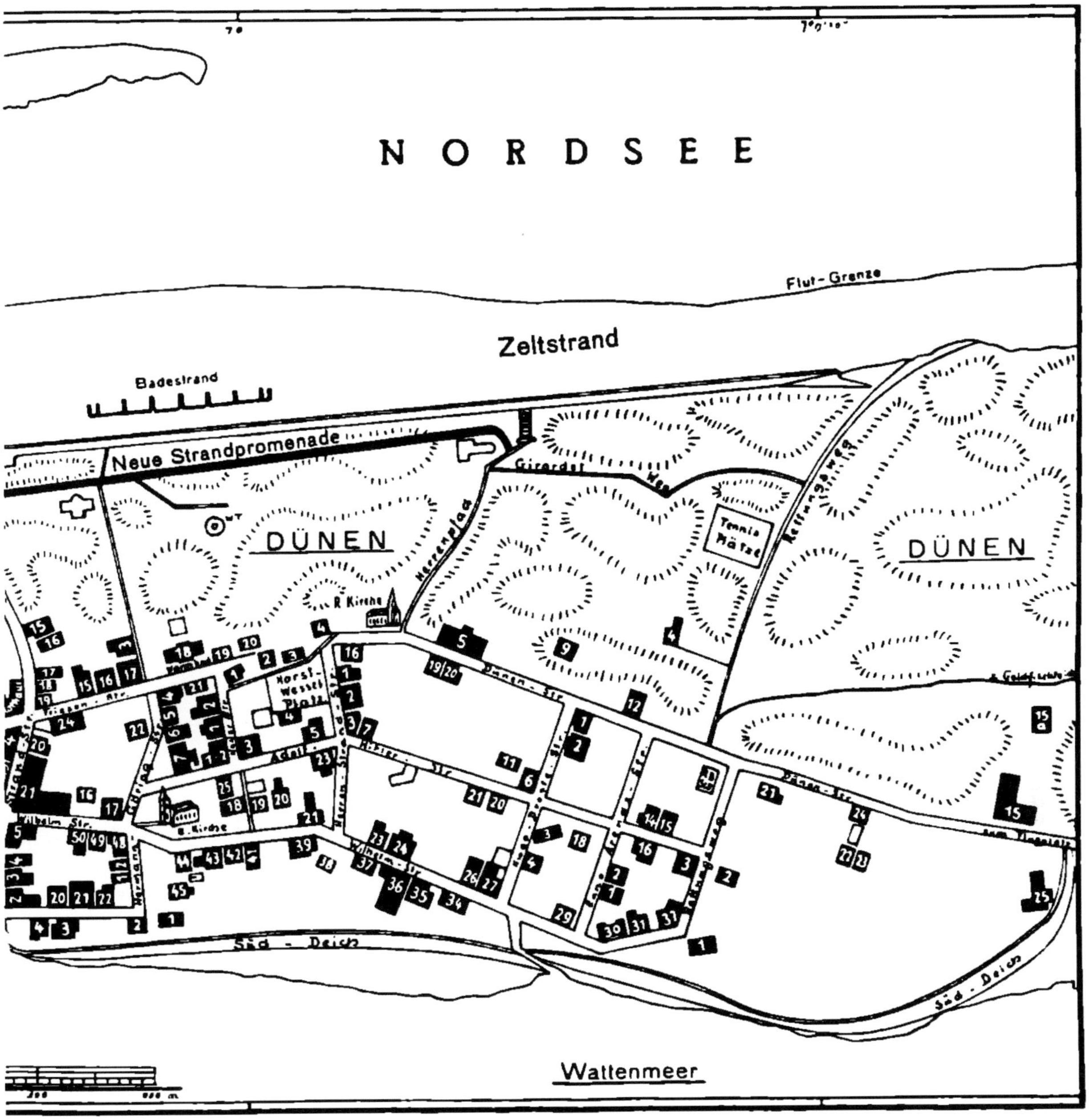

NORDSEE
Flut-Grenze
Zeltstrand
Badestrand
Neue Strandpromenade
DÜNEN
Tennis Plätze
DÜNEN
R. Kirche
Horst-Wessel-Platz
Dünen-Str.
Wilhelm-Str.
Süd-Deich
Süd-Deich
Wattenmeer

**Segelflugzeug „Nordstern", ein Grunau-Baby II am Strande von Juist**

Der herrliche breite Strand und die hohen Dünen auf Juist sind wie geschaffen für die Ausübung des Segelflugsports, der auf der Insel eine hervorragende Pflegestätte gefunden hat. Die wegen ihrer Leistungen weit über Nordwestdeutschland hinaus bekannte Flieger-Ortsgruppe Norden unterhält in Verbindung mit dem auf Juist befindlichen Flieger-Stützpunkt vom Frühjahr bis zum Herbst einen regen Segelflugbetrieb, der den Badegästen stets eine willkommene Abwechselung bietet. Es ist ein herrlicher Anblick, wenn die Flugzeuge in größeren Höhen über Dünen und Meer dahinschweben, ruhig und lautlos, riesigen Möwen gleich. / Wer während seines Kuraufenthaltes auf Juist das Segelfliegen erlernen will, dem ist dazu Gelegenheit gegeben in den Kursen, die im Sommer stattfinden.

# Kurtaxordnung der Inselgemeinde Juist

Auf Grund des § 12 des Kommunalabgabengesetzes vom 14. Juli 1893 wird nach Anhörung des Gemeinderats vom 12. April 1934 nach den Richtlinien des Bundes Deutscher Verkehrsverbände und Bäder e. V. für den Bezirk der Inselgemeinde Juist nachstehende Kurtaxordnung erlassen:

§ 1.
Im Nordseebad Juist wird in der Zeit vom 15. Mai bis 30. September eine Kurtaxe erhoben.

§ 2.
Jede nicht in Juist wohnhafte Person, die sich während dieser Zeit in Juist aufhält, wird als Kurgast angesehen und ist zur Lösung einer Kurkarte verpflichtet, sofern nicht die Bestimmungen des § 8 Platz greifen. Die Anmeldung muß durch den Hauswirt innerhalb 24 Stunden erfolgen, wobei die Kurkarte ausgehändigt wird.

§ 3.
Die Kurtaxe wird durch den Vermieter erhoben, der für die Zahlung durch den Fremden der Gemeinde gegenüber haftet.

§ 4.
Die Kurtaxe beträgt für die Zeit vom 15. Mai bis 14. Juni und vom 1. bis 30. September:
für die 1. Person einer Familie pro Tag 45 Pfg.
       2.                      35 Pfg.
       3.                      20 Pfg.
       4.                      10 Pfg.

für die Zeit vom 15. Juni bis 31. August:
für die 1. Person einer Familie pro Tag 90 Pfg.
       2.                      70 Pfg.
       3.                      40 Pfg.
       4.                      20 Pfg.

Für Kinder unter 6 Jahren ist keine Kurtaxe zu zahlen. Kinder von 6 bis 15 Jahren einschl. zahlen die Sätze der 3. bzw. 4. Person einer Familie, auch im Falle der Unterbringung in Privatkinderheimen. Die Sätze der 4. Person kommen bei 4 Kindern der gleichen Familie in Frage. Die Kurtaxe wird nur für 4 Familienangehörige erhoben.
Hausgestellte gelten als Familienangehörige.

§ 5.
Die Kurtaxe wird bis zur Höchstdauer von 20 Tagen im voraus erhoben. Bei früherer Abreise erfolgt folgende Rückerstattung:
Bei einem Aufenthalt unter 10 Tagen den erhobenen Satz pro Tag; bei einem Aufenthalt von 10 Tagen 50%; bei einem Aufenthalt von 11—14 Tagen 25%. Weitere Rückzahlungen erfolgen nicht.
Die Rückzahlung erfolgt gegen Rückgabe der Kurkarte mit Abreisebescheinigung des Vermieters. Ankunfts- und Abreisetag wird als 1 Tag gerechnet.

§ 6.
Die Inhaber von Kurkarten sind zur Benutzung der See- und Luftbäder ohne Entrichtung von Gebühren berechtigt.
Für die Benutzung der Badekabinen wird eine Gebühr von 10 Pfg. erhoben.

An denjenigen Tagen, wo Inhaber von Kurkarten keine kalten Seebäder nehmen, erhalten sie für die Benutzung der Warmbäder 50%ige Ermäßigung.

§ 7.

Zur Familie eines Kurtaxpflichtigen werden nur diejenigen Personen gerechnet, die in seinem Wohnorte mit ihm denselben Haushalt teilen und wirtschaftlich ganz von ihm abhängig sind; auch Schüler, Schülerinnen, Studenten usw., soweit sie, wenn auch außerhalb des Wohnsitzes, von ihm unterhalten werden.

Zur Familie gehören also nicht verheiratete oder verheiratet gewesene Töchter und deren Kinder, die schon eine selbständige Lebensstellung einnehmen. Ferner gehören nicht zur Familie Hausbeamte, Hauslehrer, Erzieherinnen usw.

Für Familienangehörige, die später auf der Insel ankommen, ist eine Zusatzkarte zu lösen. Der Preis ist gleich dem Unterschied zwischen dem Preis der bereits gelösten Stammkarte und dem der nächsthöheren Stufe.

§ 8.

Von der Zahlung der Kurtaxe sind befreit:
Fremde, deren Aufenthalt auf Juist den Zeitraum von drei Tagen (2 Übernachtungen) nicht übersteigt.
Im übrigen gelten die Richtlinien des Bundes Deutscher Verkehrsverbände und Bäder e. V betr. Bestimmungen über Freistellungen und Ermäßigungen auf Kurtaxe in den deutschen Seebädern.

§ 9.

Die Kurtaxe unterliegt der Beitreibung im Verwaltungszwangsverfahren.

§ 10.

Die Kurkarte ist stets mitzuführen und auf Verlangen den Aufsichtsbeamten vorzuzeigen.

§ 11.

Diese Kurtaxordnung tritt am 15. Mai 1934 in Kraft; mit demselben Tage tritt die Kurtaxordnung vom 14. Dezember 1929 außer Kraft.

Juist, den 13. April 1934        **Der Gemeindeschulze**

---

# Juist ist fortschrittlich

Im Sommer 1932 wurde die Insel Juist über ein Seekabel vom Festland her an die dortigen Hochspannungsleitungen angeschlossen. Dies war der Auftakt zur Elektrifizierung der Insel. Wenn irgendwo, dann ist dort der Spruch „Elektrizität in jedem Gerät" schneller als alle ahnten Wirklichkeit geworden. Fast jedes zweite Haus auf Juist kocht elektrisch. Auch einzelne Hotels und größere Pensionen haben sich dem Vorteil der Elektroküche nicht verschließen können. Kühlschränke und Kühlanlagen, Waschmaschinen, Wäscheschleudern, Heißmangeln, Heißwasserspeicher, Küchenmaschinen, kurz alles, was Elektrizität an Annehmlichkeiten und Arbeitsvereinfachung bieten kann, ist auf Juist, das daher den Namen der „elektrischen Nordseeinsel" trägt, zu finden. Nicht zuletzt wirkt sich dieses auch auf den Fremdenbesuch aus; denn was könnte dem Juist- Inselgast verlockender sein, als zu wissen, daß ihm während seines Erholungs-Aufenthaltes technische Einrichtungen zur Verfügung stehen, die ihm das Leben auf der Insel so angenehm wie nur möglich machen und die ihm dabei Bequemlichkeiten bieten, wie er sie in seinem städtischen Lebenskreis gewohnt ist. Vielleicht bieten die durch die ausreichende Verwendung der Elektrizität auf Juist geschaffenen Verhältnisse sogar noch mehr als der Badegast in seinem eigenen Heim gewohnt ist. Denn fragen wir doch einmal: Wer kocht denn bereits daheim elektrisch?     In Juist weiß es jedes Kind, daß die Elektrizität für alles da ist: für Licht, für Kraft und nicht zuletzt zum Kochen und Wärmen     und für die Badegäste!

*Achten Sie bitte auf den Lehr- u. Kulturfilm: Die Heilkräfte der Nordsee*

Feuerwerk am Badestrand

Tanz im Freien

Reichsverkehrs- und Postminister Eltz von Rübenach mit Gattin als Gäste auf Juist

Wattenwanderung   Phot. Franke, Juist

Gymnastik   kundiger Leitung

Rundfahrten im Flugzeug

Der neuerbaute Flugplatz. Der Gauleiter und Reichsstatthalter Röver nahm die Einweihung vor

Der Reichsstatthalter Röver bei der Ansprache

# AUS UNSERM PHOTOWETTBEWERB

Sausende Räder auf eisernen Pfaden
tragen uns über Heide und Land,
weit in der Ferne, vom Meere umbrandet,
grüßt uns ein herrlicher Inselstrand.
Schon siehst du ihn nahe vom Schiffe nun aus,
da ragen zwei Schienen weit bis ins Meer hinaus.
Verwundert siehst du und staunst und prüfst,
geschwind trägt das Bähnchen dich hin nach Juist.

M. Zoll, Mainz a. Rhein, Dagobertstr. 20

*Achten Sie bitte auf den Lehr- u. Kulturfilm: Die Heilkräfte der Nordsee*

Der kürzeste und bequemste Reiseweg nach der

# Nordseeinsel Juist

führt über

# Norddeich

Durchgehende Personen- und Gepäckabfertigung nach u. von der Insel während des ganzen Jahres

Boxen und Hallen-Garagen (300 Wagen fassend) am Dampfer-Anleger (Mole) in Norddeich. Unterstellpreise je nach Zeitdauer

Auskunft und Fahrpläne kostenlos am Bahnhof Juist und durch die

**A.-G. Reederei Norden-Frisia**

Norddeich und Norderney

## Ausflug nach Emden

Hafenrundfahrt vom Ratsdelft aus. Modernste Erz- und Kohlenverlade-Einrichtung. Durch den Dortmund-Emskanal, den Hafen des westlichen Industriegebietes. Größter preußischer Hafen für Umschlag von Massengut (Umschlag von 4½ Millionen to.).

Besichtigung des Rathauses und der Rüstkammer (Wochentags 9-16, Sonntags 11-13 Uhr).

Besichtigung der Sammlungen des Ostfriesischen Landesmuseums, Große Straße, 3 Minuten vom Rathaus. Neben vorgeschichtlichen, mittelalterlichen und späteren ostfriesischen Altertümern und kunstgewerblichen Gegenständen eine interessante ostfriesische Bibliothek und sehenswerte Galerie ostfriesischer und niederländischer Gemälde (Wochentags 10-13, 14-17 Uhr, Sonntags 11-13 Uhr).

Museum der Naturforschenden Gesellschaft am Wall: Insbesondere interessante völkerkundliche Stücke sowie ostfriesischer Saal mit einer stattlichen Anzahl von Vertretern der ostfriesischen Vogelwelt, Mineralien-, Schädel- und Muschelsammlungen (Wochentags 10-13, 14-17 Uhr, Sonntags 11-13 Uhr. Sonnabends geschlossen).

Besichtigung der „Großen Kirche", alte Patrizierkirche mit interessanten Grabdenkmälern und Konsistoriumstube, und Gasthaus-Kirche (früher dem 1317 gegründeten Franziskanerkloster gehörend).

Gang durch das alte Emden: durch die „Große Burgstraße" zur ehemaligen Burg des ostfriesischen Fürstengeschlechtes der Cirksena, der Klunderburg, und durch das Gewirr von Gassen und Gäßchen zum Ratsdelft. Interessant ist ferner das „Magazin und Admiralitätsgebäude der kurbrandenburgischen Flotte" gegenüber der Post (aus der Zeit des Großen Kurfürsten).

# Claassens Hotel

mit gegenüberliegendem, gut eingerichtetem

## Logierhaus

Gegründet 1890 / Fernsprech-Anschluß Nr. 83

**Häuser 1. Ranges / Das ganze Jahr geöffnet**

---

Ruhige, vornehme Lage im Ostdorf mit freier Aussicht aufs Meer und die Dünenlandschaft. 2 Minuten vom **Badestrand**, von der **Warmbadeanstalt** und den **Tennisplätzen** entfernt.
75 große, luftige und aufs beste ausgestattete Zimmer mit prima Betten. **Fließendes kaltes und warmes Wasser in fast allen Räumen. / Zentralheizung** auch in den Restaurationsräumen, Veranden und Sälen. Moderne Wasch- und Toilettenräume. **Anerkannt allerbeste Küche** und reichliche, dem **Nordseeklima entsprechende Verpflegung**. Gespeist wird an kleinen Tischen in der Südveranda und im Parkettsaal. Auswärts wohnende Gäste werden mittags und auf Wunsch abends bei mir erstklassig und preiswert verpflegt / Eigene Gespanne zu Lust- und Jagdfahrten.

---

Vor- und Nachsaison ermäßigte Preise / Nähere Auskunft, ausführlichen Hausprospekt und Referenzen gern durch den Besitzer

**Johann Claassen / Wilhelmstraße 36**

# Hotel Fresena

nebst **Villa Fresena** und **Haus Germania**

laden Sie zu Ihrem Erholungsaufenthalt freundlichst ein / Es sind die Häuser der vornehmen Gesellschaft, der guten Küche, der mäßigen Pensionspreise.

---

Sie liegen in ruhiger Lage an der Strandstraße, 1 Minute vom Familienbadestrande. In allen 3 Häusern fließendes kaltes, teils warmes Wasser. Zentralheizung. Mit allem Komfort ausgestattete Zimmer. Neuzeitlich, harmonisch gestaltete Speise- und Restaurationsräume. Allerbeste Verpflegung. Auswärts wohnenden Gästen empfehle meinen preiswerten Mittags- und Abendtisch. Im Mai, Juni und September ermäßigter Pensionspreis. Man verlange Hausprospekt.

**C. P. Freese**, Besitzer.

Fernruf: Juist 82 / Telegramm-Anschrift Fresena

Haus Germania, der Villa gegenüber     Villa Fresena, dem Hotel gegenüber

## HOTEL Friesenhof
### NORDSEEBAD INSEL JUIST

Vornehmes ruhiges Familienhotel ersten Ranges. Allerbeste Lage in nächster Nähe des Badestrandes und der Warmbadeanstalt. Entfernung zu den Tennisplätzen drei Minuten. / Alle Zimmer des Hotels haben fließendes warmes und kaltes Wasser, sind behaglich und der Neuzeit entsprechend eingerichtet / **Zentralheizung, abgeschlossene Wohnungen, Fahrstuhl, elektrische Großküche.** / Die Mahlzeiten werden in den großen lichtigen Restaurationssälen an kleinen Tischen eingenommen. In der Vor- und Nachsaison werden die Säle an kühlen Tagen geheizt. **Die Preise sind den heutigen Verhältnissen angepaßt.** / Der Friesenhof wird insbesondere wegen seiner anerkannt guten und reichlichen Verpflegung bevorzugt. Für auswärts wohnende Gäste habe meinen Mittag- und Abendtisch bestens empfohlen. / Fernsprechanlage mit Nachtverbindung und Damenfriseur im Hause. Fernruf Juist Nr. 87. Telegramm-Adresse: Friesenhof Juist. Sonderprospekt sowie nähere Auskunft wird bereitwilligst erteilt durch den Besitzer **H. Peters, Strandstr. 21.**

### TREFFPUNKT DER GUTEN GESELLSCHAFT

## DAS Insel-Hospiz

ist ein Erholungsheim in der Art der evangelischen Hospize. Der moderne Klinkerbau ist der einheimischen Bauweise angepaßt und faßt 50 bequem eingerichtete Zimmer mit fließendem Wasser und elektrischem Licht. Die Lage am Ostende des Dorfes im Schutz einer Dünenkette und nicht weit vom Strande gewährt eine weite, hervorragend schöne Aussicht. Behagliche Gesellschaftsräume sind vorhanden. Die Verpflegung ist sehr gut und reichlich. Die Preise sind den heutigen Verhältnissen angepaßt. Ein Zuschlag für Bedienung wird nicht erhoben. Drucksachen versendet bis 1. Juni **Hospiz-Gesellschaft m.b.H.** Berlin-Dahlem, Reichensteiner Weg 24 und von da ab **Insel-Hospiz auf Juist,** Dünenstraße 15   Fernsprecher 49

Das ganze Jahr geöffnet

Mit allem Komfort der Neuzeit ausgestattet

Keine Musik

# Hotel Itzen und Haus Bracht

Besitzer: Wilh. Bracht   Fernsprecher Nr 84   Gegründet 1862
Zentralheizung  Fließ Wasser  60 Zimmer / Meine Preise sind der heutigen Wirtschaftslage angepaßt.
Zahl. Referenzen  Hausprospekt und Preisangebot durch den Besitzer **Wilh. Bracht**

# Strand-Hotel Kurhaus Juist
### Seit 1906 unter Leitung des Besitzers Ed. Oldewurtel, Fernsprecher 86

Alle Zimmer haben beste ruhige Lage mit Aussicht auf das Meer. Maß. Pre. Wünschen Sie weitere Auskunft, der illustrierte Hausprospekt „K" den Sie kostenlos erhalten, sagt Ihnen alles.

**Einziges Hotel am Strand / Neuzeitlich eingerichtet**

**Haus Worch** entstanden. Beide Häuser mitten im Orte gelegen. In der Nähe von Badestrand, Warmbadehaus, Rathaus u. Bahnhof, gegenüber der Post, warmes u. kaltes Wasser. Zentralheizung. Erstkl. und reichliche Verpflegung. Gemütliche Aufenthaltsräume. Prozente werden nicht erhoben. Näheres durch ausführlichen Hausprospekt.

**FRANZ WORCH** (langjähriger Küchenmeister)
Friesenstraße 20 -11 / Fernsprecher Amt Juist 18

## Hotel Worch mit 1933 neuerbautem Haus Worch

Wenn Sie Wert darauf legen, wie zu Hause zu wohnen, dann nehmen Sie während Ihrer Erholungszeit Aufenthalt in meinen Häusern. Hotel Worch ist ein altbekanntes ruhiges Hotel, das dank der vorzüglichen Küche und der zivilen Preise nicht mehr ausreichte, die vielen Gäste unterzubringen, daher ist im Jahre 1933, dem Hotel gegenüber das mit allem Komfort der Neuzeit ausgestattete

# Knabenheim „Haus Vaterland"

Nach neuzeitlichen Grundsätzen geleitetes Heim für gesunde und erholungsbedürftige Knaben im Alter von etwa 9 bis 14 Jahren.

Erzieherische Beeinflussung zu Unterordnung, kameradschaftlichem Verhalten, Selbstverantwortung und begrenzter Selbständigkeit in den soldatischen Formen ehemaliger Kadettenerziehung.

Wehrsport / Sportspiele / Gymnastik (keine Höchstleistungen)

Nahrhafte und abwechslungsreiche Verpflegung

**Gewissenhafte Beaufsichtigung, sorgfältige häusliche und ärztliche Überwachung.**

Verlangen Sie unverbindl. unseren Hausprospekt.

**Dr. F. W. Heinemann**
Oberleutnant a. D. im 18. Reichswehr-Reiterregiment.

## Pension Villa Baumann
## Haus Baumann
Fernsprecher 78 / Telegramme: Baumann

3 Minuten vom Badestrande. Schöne, geräumige Zimmer, alle neuzeitlich eingerichtet mit allerbesten Betten. Zum größten Teil mit fließendem Wasser und Aussicht aufs Wattenmeer. Zwei geräumige Veranden. Gespeist wird an einzelnen Tischen. Anerkannt erstklassige Verpflegung. Prima Referenzen. Angemessene Preise. Vor- und Nachsaison Ermäßigung.
**Auskunft erteilt bereitwilligst der Besitzer B. Baumann**

Fordern Sie den Hausprospekt!

## Villa Charlotte

das gute, preiswerte Haus in ruhiger Lage. Alles Nähere (Preis, Art der Verpflegung usw.) durch ausführlichen Hausprospekt.

Privat Mittagstisch

### Heinrich Schröder sen. Wwe.
Wilhelmstraße 9 / Fernspr.: Juist 23
Drahtanschrift: Villa Charlotte

## Kinderheim „Haus Eckart"

Das Haus ist im Winter 1927/28 erbaut und bietet 40–45 Kindern Unterkunft; es liegt nahe am Strande und ist umgeben von einem großen eigenen Dünengelände. Es werden erholungsbedürftige Kinder aufgenommen, die ihre Ferien an der See verbringen sollen oder die für längere Zeit ihre Gesundheit in dem auf Juist milden und darum auch für Frühjahrs- und Herbstkuren geeigneten Nordseeklima kräftigen wollen. Das familienartige Gepräge des Hauses ermöglicht eine individuelle Behandlung jedes einzelnen Kindes. Die Betreuung der Kinder liegt in den Händen einer evangelischen, erfahrenen Leiterin, der Helferinnen zur Seite stehen. Das Haus steht unter ärztlicher Aufsicht. Bei der Aufnahme jedes Kindes findet eine Untersuchung statt. Der Hausarzt überwacht den Verlauf der Kur durch wöchentliche Besuche.

Nähere Auskunft erteilen bis zum 1. Juni: Hospiz-Gesellschaft m.b.H., Berlin-Dahlem, Reichensteiner Weg 24, von da ab: Kinderheim „Haus Eckart", Juist (Nordsee)

## 4 Min. vom Strande — PENSION ERIKA — Billstraße 3–4

Neuzeitlich eingerichtet. Ruhige, sonnige Lage mit freier Aussicht aufs Wattenmeer. Luftige, trockene Zimmer, Kapok-Betten. Norddeutsche Küche mit kräftiger und abwechslungsreicher Verpflegung.

Mäßige Preise / In Empfehlungsschreiben

**Karl Backer**

---

## Peterhof

Fein bürgerliches, anerkannt gutes Haus im Mittelpunkt des Ortes. Ruhig, frei und sonnig gelegen, direkt am Kurplatz mit Aussicht auf das Wattenmeer und auf die Landungsbrücke. Drei Minuten vom Strande und von der Badeanstalt entfernt. 25 schöne Zimmer neuzeitlich eingerichtet, mit besten Betten mit Roßhaarmatratzen, größtenteils fließendes Wasser. Große sonnige Veranda, heizbares Gesellschaftszimmer. Gute, reichliche Verpflegung, an Einzeltischen serviert. Zimmer mit Frühstück für Passanten. Mittagstisch. Günstige Pensionsbedingungen. Vor- und Nachsaison äußerste Preise. Hausprospekte mit weiteren Auskünften versendet gern die Besitzerin

**Frau Frieda Claassen, Uferstraße 17**

Fernsprecher Nr. 30 / Telegrammadresse: Peterhof Juist

---

## Pabst's Hotel und Logierhaus / Pabst's Strand-Halle

Gegründet 1885
Fernsprecher Nr. 15

**Kaffee und Konzertlokal**

Verlangen Sie bitte Hausprospekt

## Pension Petina

Im Jahre 1925 neu erbaut, mit allem Komfort der Neuzeit eingerichtet. Herrliche, ruhige Lage in direkter Nähe des Bade- und Familienstrandes. Beste Verpflegung. Zeitgemäße Preise. / Alles Nähere durch ausführlichen Hausprospekt.

### Hinrich Claassen
Herrenstrandstraße 1 / Fernsprecher Nr. 38

---

## Pension Riedel
**Altbekanntes, vornehmes Haus**

In ruhiger und sonniger Lage. Zwei Minuten von Kurplatz und Strand. Moderner Komfort. Fließendes Wasser. Gemütliche Aufenthaltsräume. Vorzügliche und reichl. Verpflegung, auf Wunsch Diätküche. Mäßige Pensionspreise. Vor- und Nachsaison sowie bei Kindern und größeren Familien Preisermäßigung. Hausprospekt, Auskünfte u. Referenzen auf Wunsch. Hausdiener am Bahnhof

### Frau Else Töllner
Ulerstraße 15 / Fernsprech-Anschluß 66
Telegramm-Adresse Pension Riedel, Juist

---

## Hotel Rose
Ruhiges, vornehmes Familienhotel mit gut eingerichtetem Logierhaus im Westteil gegen in neuester Nähe des Badestrandes. Fernsprecher 8, Dauerverbindung. **Das ganze Jahr geöffnet.** Das Hotel wurde im Frühjahr 1931 der Zeit entsprechend vollständig umgebaut. Fließendes Wasser in fast allen Zimmern. Zentralheizung. Große Gesellschaftsräume. Nord- und Südveranda. Aussicht auf das Meer. Schöner nach Süden liegender Garten mit Liegestühlen. Keine Musikveranstaltungen. Unterkunft für Reitpferde. Hotel Rose wird wegen seiner hervorragend guten und reichlichen Verpflegung immer wieder bevorzugt. Den nicht im Hotel wohnenden Gästen möchte ich meinen Mittags- und Abendessen zu kleinen Preisen ganz besonders empfehlen. Große Abendkarte. Sämtliche Mahlzeiten werden nur an kleinen Tischen gereicht. Weine erster Häuser, gut gepflegte Biere. Die neuesten Nachrichten durch Radio. / Meine Preise habe ich sämtlich der heutigen Wirtschaftslage angepaßt. Vor- und Nachsaisons (Mai, Juni und September) Preisermäßigung. Jede weitere Auskunft erteilt gern

**HEINR. HAASE / WILHELMSTRASSE 60-61**

## Modenhaus Willy Tiemann
gegenüber dem Rathaus / Telephon 39

**Die Mode 1935**
in eleganten Kleidern, Blusen, Kostümen, Strick- und Modewaren in ihrer viels. modischen Gestaltung, aus nur führenden Häusern, finden Sie bei uns in herrlicher aparter Auswahl.

**Die rechte Freude am Badeleben**
erhalten Sie erst, wenn Sie richtig gekleidet sind die **erfahr. Kurgäste** kaufen ihre Strandbekleidung nur im **Modenhaus Willy Tiemann**.

Ersparen Sie sich zu Hause jeden Einkauf, wir führen das Modernste, von einfachster bis zur höchsten Eleganz, **zu anerkannt billigen Preisen**

Während der Saison wiederholte Modenschau! Motto: Was trägt die Dame am Strand u. in Gesellschaft?

## Villa Haus Sohn
Vornehme, gern besuchte Familienpension.

In bevorzugter ruhiger Lage. 3 Minuten vom Strand und 5 Minuten vom Bahnhof. **Ungehinderte Fernsicht.** Behaglich eingerichtete Zimmer. Heizbare Gesellschaftszimmer. Geschlossene Glasveranden. **Anerkannt gute und reichliche Verpflegung**, an Einzeltischen gereicht. **Zeitgemäße Pensionspreise.** Vor- und **Nachsaison Preisermäßigung.** Familien m. Kindern günstige Sonderpreisvereinbarungen

Man verlange Hausprospekte und weitere Auskunft

**Walter Töllner**, Billstraße 9

Hausbursche am Bahnhof    Fernsprecher 91    Telegr.-Adresse: Haus Sohn, Juist.

## Pension Angelika

In nächster Nähe des Strandes u. der Warmbade-Anstalt z. T. fließendes Wasser. Freie Aussicht auf Wattenmeer und Dünen. Heizbarer Tagesraum. Gute und reichl. Verpflegung. Mäßige Preise Nähere Auskunft erteilt gern der Besitzer
**Folkert Backer / Adolf-Hitler-Straße 7**

## HAUS BLEYER / Billstraße 27
Fernsprecher 61

In ruhiger, freier Lage m. unbehinderter Aussicht auf Dünen u. Meer. 15 Zimmer. Glasveranda, gute Betten. Mäß. Preise bei vorzüglicher Verpflegung. In Vor- und Nachsaison bedeutende Preisermäßigung / Auskunft erteilt gern **FRAU BLEYER.**

## Haus Carola

Ecke Warmbad- und Friesenstraße. 1 Minute vom Strand, neben der Warmbadeanstalt. Im Herbst 1928 erbaut, d. Neuzeit entsprechend eingerichtet. Schöne, große, luftige Zimmer mit besten Betten und fließend. Wasser. Geräumige Veranda sowie Gesellschaftszimmer nach der Sonnenseite geleg. Nähere Auskunft erteilt gern der Besitzer

**DUCKO DOYEN**, Friesenstraße 17
Fernsprecher Juist Nr. 59. Telegr.-Adr.: Carola Juist

## Domäne Loog

1928 erbaut
Fernspr. Nr. 50

Verbund. mit Restaurant, Café (Milchwirtschaft). Kinderspielplatz. An allerschönst. landschaftl. Lage Juists, in der Nähe des Hammersees (Naturschutzgebiet) gelegen, empfiehlt besonders eigene Erzeugnisse: Milch, Butter usw.

### Schöne, luftige Zimmer mit Zentralheizung

Auf Wunsch volle Pension. Zusicherung mäß. Preise. Aufmerksame Bedienung. 30 gesunde Kühe liefern eine vorzügliche Milch, die nach hygienischen Grundsätzen behandelt wird. Gespann zu Lustfahrten steht zur Verfügung. Das ganze Jahr geöffnet.

Auskunft erteilen gern **Geschwister Janssen**

## Pension Dorlis-Bernhardine

Zimmer mit fließend. Wasser in jeder Preislage / Große Speiseveranda, gemütliche Tagesräume / Gute reichliche Verpflegung   Zentralheizung.
Fernruf 37                Hausprospekt

**Hermann Freese, Friesenstraße**

## Haus T. Doyen

etwa 3 Minuten vom Strande

**Ecke Hermann-Göring- u. Wilhelmstr.**

Schöne, luftige Zimmer mit guten Betten Geschützte Veranda, elektrisches Licht

Nähere Auskunft erteilt gern der
**Besitzer: T. Doyen, Wilhelmstraße 48**

Lager fertiger Schuhwaren / Strandschuhe in allen Sorten / Ältestes Spezialgeschäft am Platze

## Haus Erholung
### die vornehme Pension

Fernsprecher Nr. X

der Nähe des Bahnhofs und 3 Minuten vom Badestrande frei und besonders ruhig mit Ausblick aufs Meer gelegen, empfiehlt schöne, luftige, geräumige Zimmer zum Teil mit fließend. Wasser und gute Betten, bei gut bürgerlicher Verpflegung zu zeitgemäßen billigen Preisen.

Nähere Auskunft

**Hinrikus Abheiden, Uferstraße 15**

# Das Kinderheim Günther

### Gegründet 1911

nimmt Kinder im Alter von 4 bis 14 Jahren auf / Beste Verpflegung bei mäßigen Preisen. Hausprospekt auf Wunsch.

**E. Günther,** Kindergärtnerin
Telegramm-Adresse Güntherheim
Fernsprecher 52

Empfehle meine

## Pension Inselrose

Am Hindenburgplatz gelegen. Das ganze Jahr geöffnet. 2 Minuten vom Badestrand. Fließendes Wasser und Zentralheizung fast in allen Zimmern. Bad vorhanden. Außerdem führe ich seit 1920 die

### Bahnhofswirtschaft

das von der Gästen gern besuchte gemütl. Lokal.

**GERHARD ROSE, UFERSTR. 18**
Fernsprecher 25 Telegramm-Adresse Inselrose

## Pension Jabine

Fein bürgerliches Pensionshaus. 4 Minuten v. Badestrand. 1928 durch Umbau bedeutend vergrößert. Ganz d. Neuzeit entsprech. eingerichtet.

Schöne, luftige Zimmer mit Blick auf Meer und Dünen. Große geschlossene Veranda, wo an kleinen Tischen gespeist wird. Angemessene Preise. Bekannt vorzügl. und reichl. Verpflegung. Vor- und Nachsaison äußerste Preise. Nähere Auskunft erteilt gern die Besitzerin

**Frau Jabine Claassen, Wilhelmstraße 35**

## Haus Karlsruh  Fernsprecher 69

1929 neu erbaut. Neuzeitl. eingerichtet. Schöne, luftige Zimmer mit fließendem Wasser und prima Betten.

Ruhige und sonnige Lage

---

Nähere Auskunft erteilt gern
**HEIKO HEIKEN / Rettungsweg 3**

## Pension Lieselotte

Ruhiges, vornehmes Haus in nächster Nähe des Bahnhofs und des Strandes gelegen. Hohe, luftige, gut eingerichtete Zimmer mit Aussicht auf das Wattenmeer. Hervorragend gute und reichl. Verpflegung, an Einzeltischen serviert, auf Wunsch auch veget. Küche. Pensionspreis nach Übereinkunft. Preisermäßig. i. d. Vor- u. Nachsaison sowie bei groß. Familien. Auf Wunsch Hausprosp.

**Frau Joh. Fisser Wwe.** Fernspr 46

## Pension Ludwigslust
## und Haus Einkehr

empfehlen geräumige Familienwohnungen und Einzelzimmer zu mäßigen Preisen. Fließendes Wasser. Vorzügliche Verpflegung. Hausprospekte kostenlos durch

**Gerhard Heyken / Billstraße 8**
Fernsprecher 94

## Haus Margarete

am Kurplatz gelegen. Die anerkannt gute Pension. 2 Min. vom Badestrand. Sonnige, luftige Zimmer mit Aussicht auf das Meer. Fließ. Wasser u. prima Betten. Beste Verpflegung. Hausprospekt u. nähere Auskunft erteilt gern

**J. Schipper, Bahnhofstraße 2 / Fernruf 71**

## Pension Meyenburg

Sehr ruhig im Westdorf gelegen, mit schöner freier Aussicht aufs Meer, 3 Minuten vom Strande. Komplett, der Neuzeit entsprechend eingerichtet, zum Teil fließendes Wasser. Große geschlossene Veranda. Anerkannt sehr gute und reichl. Verpflegung. Nähere Auskunft erteilt gern

**G. MEYENBURG, BILLSTRASSE 16**

## Pension Haus Möwe

Empfehle den geehrten Badegästen mein 1930 neu erbautes Haus. 3 Minuten vom Strand. Neuzeitl. eingerichtet. In allen Zimmern fließendes Wasser mit besten Betten. Reichliche u. gute Verpflegung. Aussicht aufs Wattenmeer.

Hausprospekt u. Auskunft erteilt gern

**Ewald Bittner, Billstraße 18**

## Kreis- und Stadtsparkasse
# NORDEN
### Nebenstelle Juist

Verwalter: J. de Vries & Co.
Feinkost-Handlung / Wilhelmstraße 55

---

Annahme von Spareinlagen und Saisongeldern / Kontokorrent- und Scheckverkehr / Auszahlungen auf Reisekreditbriefe / An- und Verkauf sowie Aufbewahrung von Wertpapieren

*Ansicht der Speiseveranda*

## Pension Ostend
Enno-Arends-Straße 1 / Fernruf: Juist 68

Altbekanntes Haus
Ruhige Lage
Aussicht aufs Wattenmeer
3 Minuten vom Strande
Näheres durch Hausprospekt

**Christof Christoffers**

### Paxheim

Ruhiger Erholungsaufenthalt für kath. Geistliche und Laien. Anerkannt gute Verpflegung. Das ganze Jahr geöffnet. Näheres durch die Schwester Oberin.

**Dünenstraße 5**

### VILLA PIROLA

Mi...er
Bade...

A..e Zimmer haben fl... A
größter ... us Warm
ohne Verpflegung

**FRITZ HENNING**, Strandstraße 1

Fordern Sie H

### Reitstall Juist

Erstklassige Verleihpferde Pensionsstallungen Reitgelände für Kinder, tägliche Ausritte am Nordseestrande / Auskunft durch:

### Gerh. Heyken

Billstraße 8 / Fernsprecher 94

### Pension Seemannstreu

Altbekanntes Haus mit Ia Referenzen. Ruhige Lage im Ostdorf, in nächster Nähe des Badestrandes u. der Warmbadeanstalt. 15 freundliche Zimmer mit prima Betten, teilweise fließendes Wasser. Anerkannt gute Verpflegung. Hausprospekt. Von Mai an geöffnet!

Die Besitzerin **Frau Joh. Wäcken Wwe.**, Hellerstr. 2

### Pension Seerose und Haus W. Kleen
**Billstraße 22 u. 23**

Sehr ruhig gelegen, freie Aussicht aufs Meer / Schöne luftige Zimmer / Geschlossene Glasveranden nach der Sonnenseite / Reichliche und gute Verpflegung / Hausprospekt und Auskunft erteilt gern

**Wilhelm Kleen**

---

### Villa Seestern
Friesenstraße 16 / Fernsprecher 10

1 Minute vom Strand und der Warmbadeanstalt. Große, luftige Zimmer, prima Betten, freie, sonnige Lage, geschlossene Glasveranden / Nähere Auskunft erteilt gern der

**BESITZER: R. J. TEMME**

---

### Tilemanns Privat-Kinderheim

In meinem Erholungsheim finden Kinder gebildeter Familien freundliche Aufnahme, gewissenhafte Aufsicht, vorzügliche Verpflegung / Näheres durch Prospekt / Beste Referenzen aus allen Teilen Deutschlands

**Frl. EMILIE TILEMANN**
Vorsteherin und Besitzerin / Hugo-Droste-Str. 1

### Villa Johanne

In ruhiger, freier Lage, unmittelbar an den Dünen gelegen, 3 Minuten vom Strand. Helle, luftige Zimmer mit Balkonen und großen Betten. Volle Pension, auch Teilpension. Besonders geeignet für ruhebedürftige Kurgäste

**Frl. TILEMANN** / Drahtanschrift: Tilemann, Juist

---

### PENSION VIKTORIA
GEGENÜBER CLAASSENS HOTEL

Feinbürgerliches Haus, das man lobt. 3 Minuten vom belebten Badestrand. 1925 durch Umbau vergrößert. Der Neuzeit entsprechend eingerichtet. Schöne, luftige Zimmer, zum größten Teil mit fließendem Wasser. Freie Aussicht auf das Wattenmeer und die Dünen. Geschlossene Glasveranda, wo an kleinen Tischen serviert wird. Beste Verpflegung. Angemessene Preise. Vor- und Nachsaison Ermäßigung. Nähere Auskunft erteilt gern die Besitzerin

**FRAU JAKOBUS CLAASSEN Wwe.**

## Haus Aden

an der Hauptstraße zum Strande, empfiehlt große, luftige Zimmer mit guten Betten und zum Teil fließendem Wasser. Jedes Zimmer kann einzeln, mit 1, 2 oder 3 Betten, je nach Größe, vermietet werden. Frühstück, Abendbrot, evtl. volle Verpflegung. Preis nach Vereinbarung.

Nähere Auskunft erteilt gern

**Wwe. M. Aden, Strandstraße 2**

### Pension Haus Alberta

Gute bürgerliche Verpflegung. Zimmer mit und ohne fließ. Wasser. Freie, ruhige Lage. Große Veranda und Balkon. In nächster Nähe des Badestrandes.

### Haus Hoff

Altes, einfaches Insulanerhaus zum Selbstwirtschaften.

**Alb. Janssen, Adolf-Hitler-Str. 23**

## Villa Johanne Antine

2 Min. vom Badestrande. Hohe luftige Zimmer mit freier Aussicht auf Dünenkette und Wattenmeer. Prima Betten. Peinlichste Sauberkeit. Große Glasveranda. Frühstück und Abendbrot im Hause. Auf Wunsch volle Verpflegung.

**Johannes Wiers**

Fernsprecher 89

## Haus Antonie

1930 neu erbaut; ruhige, sonnige Lage. Fließendes Wasser. Beste Verpflegung. Mäßige Preise. 1 Minute vom Strande.

Nähere Auskunft erteilt gern

**Frau Maria Dirks, Friesenstraße 3**

## Pension Fritz Arends

Ruhige, sonnige Lage. Herrliche Aussicht aufs Meer. 3 Minuten vom Strande. Große geschlossene Veranda. Vorzügl. Verpflegung. In Vor- u. Nachsaison ermäßigte Preise. Nähere Auskunft erteilt:

**Fr. Arends, Rosengang 3**

## Haus Christa / Dünenstraße 12

Zimmer mit und ohne Frühstück. Küche zum Selbstwirtschaften. 1908 neu erbaut. Aussicht aufs Meer. Modern eingerichtet, prima Betten. Mai, Juni u. Sept. ermäßigte Preise. Auskunft erteilt gern

**Ludwig Christoffers**

## Villa Augusta
### Hermann-Göring-Straße 2

Im Mittelpunkt des Ortes. Schöne, luftige Zimmer. Geschlossene Veranda. Gute bürgerliche Verpflegung.

Juni und September Preisermäßigung

Auskunft erteilt gern und schnell

**A. Riepen, Schneidermeister**

## Haus Arneke / Pension

Ruhig und frei, gegenüber dem Inselhospiz, nahe dem Strand gelegen. Modern eingerichtete Zimmer mit guten Betten. Gute bürgerliche Verpflegung zu billigsten Preisen. **Wohnung m. Küche und Küchenbenutzung**

Elektrisches Licht / Wasserspülung / Massive geschl. Veranda

**Frau Herm. Onnen Wwe.**
**Dünenstraße 25**

### Pension Coordes Wilhelmstr. 58

Altbekanntes, ruhig. Haus. 2 Minuten von Bahnhof und Strand. Große geräumige Veranda. **Vorzügliche u. reichliche Verpflegung.** Auf Wunsch vegetarische Küche / Behaglich eingerichtete Zimmer m. Aussicht aufs Wattenmeer. **Pensionspreis nach Übereinkunft.** In der Vor- und Nachsaison Preisermäßigung. **Besonders geeignet für Familienaufenthalt.** Auf Wunsch Hausprospekt und nähere Auskunft.

**Dietrich Fisser**

### R. H. CRAMERS LOGIERHÄUSER

neben Hotel Rose In ruhig. Lage mit freier Aussicht aufs Wattenmeer 3 Min. vom Badestrand. Große geschloss., sonn. Veranda. Teilpension auf Wunsch volle Pension. Auskunft erteilt gern

**R. Cramer, Rosengang 1-2**

### Pension Villa Daheim

im Ostdorf, 5 Minuten vom Badestrand gelegen. Enthält sehr gut eingerichtete Zimmer mit vorzüglichen großen Betten. Für Familien und auch einzelne Personen beste bürgerliche Verpflegung. Im Mai, Juni u. September ermäßigte Preise.

Gefl. Anfragen beantwortet sofort die Besitzerin

**V. Witte Wwe., Wilhelmstraße 26**

### Haus Dünenlust

empfiehlt 8 große luft. Zimmer. Frühstück im Hause, auch Küche z. Selbstwirtschaften. 2 Minuten vom Strand.

**Besitzer: J. Meyenburg, Dünenstraße 21**

### Haus Dünenrose

direkt am Damenpfad z. Badestrand geleg. Zimmer mit Frühstück. Auf Wunsch Abendbrot Preise nach Vereinbarung.

**F. Kleen**

### Haus Eleonore

in nächster Nähe d. Badestrandes u. der Warmbadeanstalt. Empfiehlt Zimmer m. gut. Betten und vorzüglicher Verpflegung zu mäßigen Preisen. Große geschlossene Veranda. Mai, Juni u. Septemb. Preisermäßigung. Nähere Auskunft erteilt gern

**P. Altmanns**

Seehundlager
Hermann-Göring-Straße 7

### Haus Gertrude

Das beliebte Pensionshaus mitten im Ort. Nahe Post und Strand gelegen 10 große gemütliche Zimmer mit vorzüglichen Betten. Beste Verpflegung im Hause. Aufmerksame Bedienung unserer Gäste. Pensionspreis zeitgem. billig. Juni und Sept. Vorzugspreise. Anfragen rechtzeitig erbeten an

**Arend Janssen Visser / Wilhelmstraße 59**

Empfehle den geehrten Badegästen mein im Ostdorf gelegenes

### Pensionshaus Heiken

Ruhige, freie Lage / Aussicht aufs Wattenmeer / Gute bürgerliche Verpflegung / Juni und Sept. ermäßigte Preise. Nähere Auskunft erteilt gern

**Frau Jak. Heiken Wwe., Wilhelmstr. 34**

### Haus Jonxis
Wilhelmstraße 41

Herrliche, ruhige Lage 3 Minuten vom Badestrand Zimmer mit fließendem Wasser und Zentralheizung. Freie Aussicht auf Meer und Dünen. Günstige Pensionsvereinbarungen. Nähere Auskunft erteilt gern

E. Jonxis
Gemeindekassenrendant.

### Haus Meereswogen
1929 erbaut

großer Glasveranda. Nächstes Haus zum Strande und Warmbadeanstalt. Große, luftige Zimmer mit guten Betten, zum Teil fließendem Wasser Frühstück und Abendbrot im Hause. Auf Wunsch auch volle Verpflegung.
Nähere Auskunft erteilt gern der Besitzer: **Rudolf Hintze**
Hermann-Göhring-Straße 3

### Kino-Amateure!

Bei mir gekaufte Kinofilme werden kostenlos vorgeführt. Vorführapparate für 8 mm-, 9,5 mm- und 16 mm-Filme. Filme 8, 9,5 und 16 mm in 10-30 cm Kassetten stets frisch.

**Photo-Kino-Haus Walter Brunke, Strandstraße**

### Haus Friedr. Mundt
Am Damenpfad

Baugeschäft. Fernsprecher: 24

Zimmervermietung mit Frühstück. Abendbrot. Küchenbenutzung mit elektrischem Herd

### Pension Ranft

In Nähe von Bahnhof und Badestrand gelegen. Hohe, luftige Zimmer mit guten Betten. Gute und reichliche Verpflegung. Mäßige Preise

**E. Ranft, Friesenstraße 33**

### Haus Rosendahl

In schönster ruhiger Lage nahe am Strand. 12 geräumige helle und trockene Zimmer (teilweise fließendes Wasser) mit vorzüglichen Betten. Geschützte Veranda. Juni u. September Preisermäßigung. **Friesenstraße 34**

Konditorei, Bäckerei und Café

von **D. Schmeertmann**

empfiehlt täglich frische Torten im Anschnitt sowie sämtliche Bäckerei- und Konditoreiwaren

Bestellungen werden prompt ausgeführt

### Villa Schmidt

Im Mittelpunkt des Ortes 2 Minuten vom Strande einzelne und durchgehende Abendbrot volle Verpflegung auf Wunsch mäßigen Preisen gern der Besitzer

**G. P. Schmidt, Wilhelmstr. 49**

## Pension Seeblick

Altbekannt, gut bürgerliches Haus in schönst. Lage, alles Nähere durch Hausprospekt.

Billstr. 26 / Fernruf 40

## Haus Seelust

im Ostdorf am direkt. Wege zum Strand und Tennisplatz gelegen. Große sonnige Zimmer mit freiem Ausblick aufs Meer. Frühstück, auf Wunsch Abendbrot im Hause. Juni u. Septemb. Preisermäßigung. Näh. Auskunft d. d. Besitzerin

**HILDA WILKEN**
Wilhelmstraße 31

## Haus in der Sonne

Billstraße 15

Auskunft erteilt gern der
**Besitzer E. Rother**

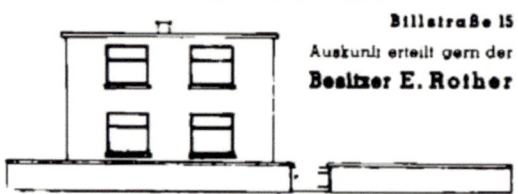

## Haus Sonn-Eck

**1930 NEU ERBAUT**

Im Mittelpunkt des Ortes. Freie Aussicht aufs Meer. Neuzeitlich eingerichtet. Fließendes Wasser. Gute bürgerl. Verpflegung. Elektr. Küche. Vor- u. Nachsaison ermäß. Preise. Auskunft erteilt gern

**H. RIEPEN, UFERSTR. 2**

## Haus Ufen / Friesenstraße 6

Halte mein im Zentrum in unmittelbarer Nähe des Strandes gelegenes mit allen Bequemlichkeiten eingerichtetes Logierhaus für Familien u. Einzelpersonen bestens empfohlen. Freundliche Zimmer mit und ohne fließ. Wasser, geschlossene Veranda, gute Betten und saubere Bedienung. Küchenbenutzung auf Kohlen- oder elektrisch Herd oder auch Zimmer mit Frühstück. Nähere Auskunft erteilt gern

**HEINRICH SCHMIDT**

## Haus Wattenmeer

empfiehlt sonnige, gut eingerichtete Zimmer. Frühstück und Abendbrot im Hause. Geräumige, geschlossene Veranda. Freie Aussicht auf das Wattenmeer.

**Richard Lehmann**
Uferstr. 14 / Fernsprecher 74

## Villa Altmanns (Seehundjäger)

Fernspr. 36 Wilhelmstraße 50 Schließfach 52
Im Mittelpunkt d. Ortes. Schöne, große, luftige Zimmer. / Geräumige Veranda

## Haus Arends, Wilhelmstr. 20

empfiehlt Zimmer mit Küche und Küchenbenutzung. Sehr ruhige Lage mitten im Ort.

J. Arends

## Empfehle mein Haus mit neuer geschloss. Veranda

frei und ruhig gelegen im Ostdorf. Küche zum Selbstwirtschaften vorhanden. Auf Wunsch auch Zimmer m. Frühstück Auskunft erteilt gern O. Altmanns Wwe., Adolf-Hitler-Str. 16

## Haus San.-Rat Arends Wwe.

In schöner, freier Lage a. Wattenmeer gelegenes Haus, mit großen, freundl. Zimmern, passend für größere Familien. Mit und ohne Verpflegung / Auskunft erteilt gern

L. Ellers, Billstraße 1

### Haus A. Bittner
Empf. Zimmer (6-8 Betten) mit Küche zum Selbstwirtschaften, geschlossene Glasveranda. Ruhig und sonnig gelegen. 2 Minuten vom Strande. Auf Wunsch Zimmer mit Frühstück
A. Bittner, Friesenstraße 2

### Haus Conring
Empfehle den geehrten Gästen mein kleines, frei u. ruhig im Ostdorf gelegenes Häuschen. 3 saubere, sonnige Zimmer, Küche zum Selbstwirtschaften und geschlossene Veranda. Blick auf das Wattenmeer / Gefällige Auskunft erteilt gern
Johann Conring, Rettungsweg 2

### Haus de Buhr  Erbaut 1931
Ruhig und frei gelegen, in nächster Nähe des Strandes, empfiehlt 5 luftige, neuzeitl. eingerichtete Zimmer mit fließ. Wasser. Auf Wunsch Küchenbenutzung.
Der Besitzer: D. de Buhr, Dünenstr. 24

### Haus de Vries
**Wilhelmstraße 55,** in nächster Nähe d. Strandes, empfiehlt große, freundliche Zimmer mit und ohne fließendes Wasser. Sonnige Veranda.

### Hotel Deutsches Haus Robert Meinberg
(Letzte Übernachtungsstation vor der Überfahrt nach Juist)
Haus ersten Ranges · Mäßige Preise · Neue Auto-Garage mit Einzelboxen · Fernsprecher 2025

### Pension Haus „Dorothea"
Empfehlen den geehrten Gästen unser kl. Haus mit freier Aussicht aufs Wattenmeer · Volle Verpflegung bei zeitgemäßen Preisen · Privatmittagstisch · Nähere Auskunft erteilen gern
Geschw. Itzen

### Haus Doyen Adolf-Hitler-Straße 14
Halte mein in ruhiger, sonniger Lage gelegenes Häuschen m. groß. Glasveranda den geehrten Gästen zum Selbstwirtschaften bestens empfohlen · Auf Wunsch auch Zimmer mit Frühstück · Anfragen erbittet der Besitzer Harm Doyen

### Pension Edelweiß
liegt ruhig, sonnig, direkt am Meer · Große, luftige Zimmer, fließend. Wasser, gute Betten · Anerkannt gute Verpflegung bei mäßigen Preisen, große geschützte Veranda · Auskunft erteilt gern
J. Mamminga, Billstr. 21

---

Halte den geehrten Gästen mein einfaches
### Insulaner-Häuschen
mit 14 Betten, Küche u. Küchenbenutzung, elektrischem Licht, Wasserspülung und sonniger Glasveranda empfohlen
Haus van Echten, Wilhelmstr. 10

### Haus Elise
Empfehle den geehrten Gästen mein im Ostdorf gelegenes Haus mit freier Aussicht aufs Wattenmeer. Gute bürgerliche Verpflegung. Geschützte Glasveranda. Vor- u. Nachsaison Preisermäßigung.
Frau Joh. Schmidt Wwe., Adolf-Hitler-Str. 15

### Haus Flora Friesenstr. 8, Nähe Badestrand. Sonnige Lage
Empfehle meine gut eingerichteten Doppel- u. Einzelzimmer mit Glasveranda. Auch für Familien passend. Auf Wunsch auch Frühstück. **Billige Preise.** Vor- u. Nachsaison ermäßigt. Anfragen erbeten an    Frau Tobias Breeden Wwe.

### Haus S. Freese Erbaut 1930
Ecke Wilhelm- u. Friesenstr. Wilhelmstr. 8. 2 Min. v. Strand. Empfiehlt 4 große, luftige Zimmer in der 1. Etage, zum Teil mit fließendem Wasser und Zentralheizung. Frühstück und Abendbrot auf Wunsch.

### Haus Frisia
2 Einzel-, 4 Doppelzimmer mit Küchenbenutzung. Frühstück und Abendbrot im Hause. Elektrisches Licht und Wasserspülung vorhanden. Geschlossene Veranda.
Kapitän B. Eilers

### Haus Frohsinn
Erbaut 1927. Frei, ruhig und sonnig gelegen. Neuzeitlich eingerichtet, teils fließ. Wasser. Küchenbenutzg. Geschl. Glasveranda. Herrliche Aussicht. Mäßige Preise. 3 Minuten vom neuen Westbadestrand. Auskunft erteilt gern
Paul Rump, Billstraße 13

### Im Haus Gatena Billstraße 12
finden die werten Gäste nette, freundliche Aufnahme für ihren Ferienaufenthalt. Große, luftige Zimmer mit guten Betten bestens empfohlen. Auf Wunsch mit Frühstück oder Selbsthaltung der Nebenmahlzeiten. 3 Minuten vom **neuen** Westbadestrand.    Anfragen erbittet **Grete Gatena**

### Haus Hook
An schönster, ruhiger Lage in unmittelbarer Nähe des Strandes, gegenüber der Warmbadeanstalt. Zimmer m. Frühstück, Küche u. Küchenmitbenutzung. In verschiedenen Zimmern fl. Wasser. **Aug. Müller, Hermann-Göring-Str. 4, Fernspr. 57.** Verkaufsstelle der Molkerei-Genossenschaft „Norden".

### B. Hollander
Strandstraße 17, Fernsprecher 34. Uhren - Optik
Moderner Schmuck, Gold- und Silberwaren
Ostfriesisches Filigran, Altsilber

### Villa Inselfriede / Billstraße 11
Schöne, ruhige, sonnige Lage mit herrlicher freier Aussicht aufs Meer. Gut eingerichtete Zimmer. Geschlossene zugfreie Glasverand. Volle Pension. Beste Hotelverpfleg. Vor- u. Nachsaison Preisermäßigt. Auf Wunsch Küche z. Selbstwirtschaften. Empfehle zum Vermieten gute Strandzelte und Strandstühle.
Nähere Auskunft durch den Besitzer **Peter Freese**.

Halte den geehrten Badegästen mein einfaches
### Insulanerhaus
mit 4 Zimmern bestens empfohlen.
**Kapitän G. Eilers, Wilhelmstraße 11.**

### Haus Johannes Janßen
5 Zimmer (Hochparterre), freie Aussicht aufs Meer. Frühstück und Abendbrot nach Wunsch. Preise zeitentsprechend. Vor- und Nachsaison ermäßigt.
**Johannes Janßen, Uferstraße 7.**

### Haus Gerhard Kleen
Schön und ruhig im Westdorf gelegen, mit freier Aussicht auf Wattenmeer und Landungsbrücke. Geschlossene Glasveranda. Empfiehlt 7 freundliche Zimmer mit Frühstück. Abendbrot auf Wunsch, evtl. Küchenbenutzung.
Nähere Auskunft erteilt gern **Gerhard Kleen**, Billstraße 17.

Empfehle den geehrten Gästen mein kleines im Ostdorf gelegenes
### Häuschen, 3 Zimmer mit Küche
zum Selbstwirtschaften. Geschlossene Glasveranda. Nähere Auskunft erteilt
**Frau J. Klooster Wwe., Dünenstraße 22.**

Mein kleines im Ostdorf gelegenes **Logierhaus**
in schöner und ruhiger Lage, mit 5 Zimmern nebst 2 Küchen zum Selbstwirtschaften, halte ich den geehrten Badegästen bestens empfohlen. Elektrisches Licht. Wasserspülung.
Der Besitzer: **Georg Janßen**, Dünenstraße 23.

### Villa Nordsee

Ruhige, sonnige Lage mit freier Aussicht aufs Wattenmeer. Saubere Zimmer, gute Betten. Große geschl. Glasveranda. Frühst. u. Abendbrot im Hause. Auf Wunsch Küchenbenutzung. 3 Minuten vom **neuen** Westbadestrand.
**Martin Kleen**, Billstraße 6.

### Halte mein kleines Haus
bestehend aus 4 durchgehenden Zimmern mit Küche zum Selbstwirtschaften bestens empfohlen. Glasveranda
Der Besitzer: **Fr. Peters**, Dünenstraße 19 Fernsprecher 26

### Haus Rehfeldt, Hugo-Droste-Straße 6
Empfehle mein neu eingerichtetes Haus mit schönen, großen, sonnigen, ruhigen Zimmern mit Küche und Küchenbenutzung oder mit Frühstück. Geschl. Veranda. Nähere Auskunft erteile gern
**E. Rehfeldt.**

### Pension „Haus Schwalbe"
Behagliche, ruhige, im Ostdorf gelegene Pension für frohe Ferienwochen. Anerkannt gute Verpflegung. Pensionspreis zeitgemäß billig. Juni und September Vorzugspreise. Auskunft erteile gern und schnellstens
**Frau H. Eilts Wwe.**, Enno-Ahrend-Straße 2.

Empfehlen den geehrten Gästen unser im Ostdorf
### in schönster Lage gelegenes Haus
mit Blick aufs Wattenmeer. In der Nähe des Tennisplatzes. Volle Verpflegung. Nähere Auskunft erteilen
**Geschw. Tiedken.**

### Haus Ulrichsruh
3 Minuten vom neuen West-Badestrand. Erbaut 1926. Schöne, luftige Zimmer für Familien und einzelne Personen. Gute Betten. Küchenbenutzung. Frühstück oder Abendbrot nach Wunsch. Geschlossene Glasveranda, elektrisches Licht. Wasserspülung.
**U. Block**, Billstraße 5.

Empfehle mein im Mittelpunkt des Ortes liegendes
### geräumiges Einfamilienhaus
mit Küche zum Selbstwirtschaften.
**Gretchen de Vries**, Uferstraße 20.

### Juister Bank
e. G. m. b. H. / Nordseebad Juist
Fernspr. Amt Juist 47 · Postscheckkonto Hannover 712 22
Reichsbank-Girokonto Norden (Ostfriesland)

**Kostenlose Geld-Aufbewahrung** für die Dauer des Kuraufenthalts. Auszahlung von Kreditbriefen und Registermark-Reiseschecks.
Erledigung sämtlicher Bank- und Börsengeschäfte.

Die Reihenfolge der Hotels, Pensionen, Logierhäuser und Kinderheime ist alphabetisch geordnet und bedingt keine Rangordnung

## Hotels

| Name | Besitzer | Straße | Vor- und Nachsaison von RM. an | Hauptsaison von RM. an | Bettenzahl | Bemerkungen |
|---|---|---|---|---|---|---|
| Hotel Claassen und Logierhaus | Joh. Claassen | Wilhelmstraße 36/37 Wilhelmstraße 24 | 5.50 5.50 | 6.— 6.— | 85 | Fl. W., k. u. w. |
| Hotel Fresena Villa Fresena Haus Germania | C. P. Freese | Strandstraße 4 Friesenstraße 24 Wilhelmstraße 17 | 5.50 5.50 5.50 | 6.— 6.— 6.— | 100 | Fl. W., H. B. Fl. W., H. B. k. u. w. Fl. W., H. B. |
| Hotel Friesenhof | Harm Peters | Strandstraße 21 | 5.50 | 6.— | 100 | Fl. W., k. u. w., Z. H., Fahrstuhl |
| Inselhospiz | Hospizgesellschaft Berlin | Dünenstraße 15 | 5.50 | 6.— | | Fl. W., w. u. k. |
| Hotel Itzen und Haus Bracht | Wilh. Bracht | Wilhelmstraße 13 Wilhelmstraße 53 | 5.50 5.50 | 6.— 6.— | 90 | B. Fl. W. k. u. w. Z. H. |
| Hotel Pabst | Johs. Pabst | Strandstraße 15 | 5.50 | 6.— | 30 | Z. H., Fl. W. |
| Hotel Rose | Heinr. Hase | Wilhelmstraße 60–61 | 5.50 | 6.— | 65 | |
| Strandhotel Kurhaus | Ed. Oldewurtel | Giradetstraße 1 | 6.— | 6.50 | 120 | Fl. W., k. w., Z. H. |
| Hotel Worch und Haus Worch | Franz Worch | Friesenstraße 28 Friesenstraße 11 | 5.50 5.50 | 6.— 6.— | 90 | Fl. W., k. u. w., Z. H. |

## Pensionen

| Name | Besitzer | Straße | Vor- und Nachsaison von RM. an | Hauptsaison von RM. an | Bettenzahl | Bemerkungen |
|---|---|---|---|---|---|---|
| Haus Aden | Frau Aden, Wwe. | Strandstraße 2 | 4.50 | 5.— | 20 | Fl. W. |
| Angelika | Folkert Bakker | Adolf-Hitler-Straße 7 | 4.50 | 5.— | 35 | Fl. W. |
| Antonie | Marie Dirks, Wwe. | Friesenstraße 3 | 4.50 | 5.— | 15 | Fl. W. |
| Haus Alberta | Albertus Janssen | Adolf-Hitler-Straße 23 | 4.50 | 5.— | 20 | Fl. W. |
| Fritz Arends | Geschw. Arends | Rosengang 3 | | | 18 | |
| Haus Arnecke | Frau Onnen, Wwe. | Dünenstraße 25 | | | 16 | Kochenb. |
| Villa Auguste | Ad. Riepen | Hermann-Göring-Str. 2 | 4.50 | 5.— | 15 | |
| Haus Baumann | Bernh. Baumann | Bahnhofstraße 3 | 5.— | 5.50 | 15 | |
| Villa Baumann | Bernh. Baumann | Bahnhofstraße 4 | 4.50 | 5.— | 25 | Fl. W. |
| Bernhardine-Dorlis | | Friesenstraße 32 u. | 5.— | 5.50 | | Fl. W. |
| Haus Bleyer | Bleyer, Wwe. | Billstraße 27 | | | 25 | |
| Pension Buß | Ehme Buß | Hermann-Göring-Str. 1 | 4.50 | 5.— | 23 | |
| Carola | Duko Doyen | Friesenstraße 17 | 5.— | 5.50 | 40 | Fl. W. |
| Charlotte | H. Schröder, Wwe. | Wilhelmstraße 9 | 5.— | 5.50 | 36 | Fl. W. |
| Villa Daheim | Frau Witte, Wwe. | Wilhelmstraße 26 | 4.50 | 5.— | 24 | |
| Haus Dorothea | Geschw. Itzen | Uferstraße 13 | 4.50 | 5.— | 12 | Fl. W., Kochenb. |
| Haus Edelweiß | Jan Mamminga | Billstraße 21 | 4.50 | 5.— | 17 | Fl. W. |
| Haus Einkehr | Gerh. Heyken | Billstraße 24 | 4.50 | 5.— | 28 | |
| Haus Eleonore | Peter Altmanns | Hermann-Göring-Str. 7 | 4.50 | 5.— | 20 | |
| Haus Elise | Frau Joh. Schmidt, Wwe. | Adolf-Hitler-Straße 15 | 4.50 | 5.— | 12 | |
| Erika | Karl Bakker | Billstraße 3–4 | 4.50 | 5.— | 50 | |
| Erholung | Hinrikus Abheiden | Uferstraße 15 | 4.50 | 5.— | 25 | Fl. W. |
| Haus Gertrude | Arend Janssen-Visser | Wilhelmstraße 59 | 4.50 | 5.— | 18 | |
| Jakob Heiken, Wwe. | Jakob Heiken, Wwe. | Wilhelmstraße 34 | 4.50 | 5.— | 15 | |
| Inselrose | Gebr. Rose | Uferstraße 18 | 5.— | 5.50 | 25 | Z. H., B., Fl. W. |
| Haus Jabine | Jabine Claassen, Wwe. | Wilhelmstraße 35 | 4.50 | 5.— | 32 | |
| Villa Johanne | Tilemann | Hugo-Droste-Str. 1–2 | 5.— | 5.50 | 14 | Z. H., Fl. W., Kochb. |
| Haus Jonxis | Egbert Jonxis | Wilhelmstraße 41 | 5.— | 5.50 | 12 | m. K. |
| Haus W. Kleen | Wilh. Kleen, Wwe. | Billstraße 22 | | | 12 | |
| Liselotte | Frau Fisser, Wwe. | Wilhelmstraße 56 | 4.50 | 5.— | 32 | B. |

Die Reihenfolge der Hotels, Pensionen, Logierhäuser und Kinderheime ist alphabetisch geordnet und bedingt keine Rangordnung

| Name | Besitzer | Straße | Vor- und Nachsaison von RM. an | Hauptsaison von RM. an | Bettenzahl | Bemerkungen |
|---|---|---|---|---|---|---|
| Domäne Loog | Geschw. Janssen | Loog | | | 10 | |
| Ausflugsort Loog zur freien Aussicht | M. Saathoff | Loog | | | 10 | |
| Ludwigslust | Gerh. Heyken | Billstraße 8 | 4.50 | 5.— | 20 | |
| Haus Margarete | Jibbo Schipper | Bahnhofstraße 2 | 5.— | 5.50 | 18 | Fl. W. |
| Meereswogen | Rudolf Hintze | Hermann-Göring-Str. 3 | 5.— | 5.50 | 25 | Fl. W. |
| Meyenburg | Gerh. Meyenburg | Billstraße 16 | 4.50 | 5.— | 16 | Fl. W. |
| Haus Möwe | Ew. Bittner | Billstraße 18 | 5.— | 5.50 | 20 | Fl. W. |
| Pension Ostend | Chr. Christoffers | Enno-Arends-Straße 1 | 4.50 | 5.— | 25 | |
| Paxheim | Paxheim | Dünenstraße 5 | 5.— | 5.50 | 60 | |
| Peterhof | Frau Fr. Claassen Wwe. | Uferstraße 17 | 4.50 | 5.— | 40 | Fl. W. |
| Petina | Hinr. Claassen | Herrenstrand 2 | 5.— | 5.50 | 38 | |
| Pirola | Frau Henning, Wwe. | Strandstraße 1 | 5.— | 5.50 | 40 | B. |
| Pension Ranft | Karl Ranft | Friesenstraße 33 | 4.50 | 5.— | 24 | |
| Riedel | Else Töllner | Uferstraße 16 | 4.50 | 5.50 | 40 | Fl. W. |
| Haus Schwalbe | Hinr. Eilts, Wwe. | Enno-Arends-Straße 2 | 4.50 | 5.— | 14 | |
| Seeblick | Joh. Breeden | Billstraße 26 | 4.50 | 5.— | 16 | |
| Seemannstreu | Wäcken, Wwe. | Hellerstraße 2 | 4.50 | 5.— | 28 | Fl. W. |
| Seerose | Wilh. Kleen | Billstraße 23 | 4.50 | 5.— | 12 | |
| Villa Seestern | Robert Temme | Friesenstraße 16 | 4.50 | 5.— | 24 | Fl. W. |
| Hermann Sleeper | Herm. Sleeper | Wilhelmstraße 18 | 4.50 | 5.— | 8 | Küchenb. |
| Haus Sohn | Walter Töllner | Billstraße 9 | 4.50 | 5.— | 33 | |
| Sonn-Eck | Heinr. Riepen | Uferstraße 2 | 5.— | 5.50 | 10 | Fl. W. |
| Geschw. Tiedken | Geschw. Tiedken | Rettungsweg 1 | 4.50 | 5.— | 7 | |
| Viktoria | Frau Jak. Claassen | Wilhelmstraße 23 | 5.— | 5.50 | 38 | Fl. W. |
| Café Westend | Adolf Schmidt | Wilhelmstraße 1 | 4.50 | 5.— | 4 | |

## Logierhäuser

| Name | Besitzer | Straße | pro Bett | pro Bett | Bettenzahl | Bemerkungen |
|---|---|---|---|---|---|---|
| Haus Abheiden | Johannes Abheiden | Wilhelmstraße 57 | 1.25 | 1.50 | 12 | Küche |
| Peter Ahrens | Peter Ahrens | Wilhelmstraße 44 | 1.25 | 1.50 | 8 | |
| Villa Almuth | Viktor Witte | Wilhelmstraße 43 | 1.25 | 1.50 | | |
| Willi Altmanns | Willi Altmanns | Adolf-Hitler-Str. 1—2 | 1.25 | 1.50 | 14 | |
| Villa Altmanns | Wilh. Altmanns | Wilhelmstraße 50 | 1.50 | 1.75 | 16 | |
| Haus Angelika | Jakob Backer | Herrenstrandstraße 3 | 1.50 | 1.75 | 8 | |
| O. Altmanns | O. Altmanns, Wwe. | Adolf-Hitler-Straße 16 | 1.25 | 1.50 | 12 | Küche |
| Haus Arends | Jan Arends | Wilhelmstraße 20 | 1.25 | 1.50 | 12 | Küchenb. |
| Haus Anny | Heinr. v. Freeden | Hermann-Göring-Str. 6 | | | 10 | Küchenb. |
| Haus San.-Rat Arends, Wwe. | Ludw. Eilers | Rosengang 4 | 1.50 | 1.75 | 12 | |
| Haus Behrends | Reinh. Behrends | Herrenstrandstraße | 1.50 | 2.— | | Fl. W. |
| Haus A. Bittner | A. Bittner | Friesenstraße 2 | | | 8 | Küchenb. |
| de Buhr | Dirk de Buhr | Dünenstraße 24 | 1.50 | 1.75 | 9 | Küchenb. |
| Blumenhaus Fischer | Karl Fischer | Friesenstraße 15 | 1.50 | 1.75 | 13 | |
| Haus Conring | Johann Conring | Rettungsweg 2 | 1.25 | 1.50 | 8 | Küche |
| Haus Coordes | Frau Fleck, Wwe. | Wilhelmstraße 58 | 1.25 | 1.50 | 4 | Küchenb. |
| R. H. Cramer's Logierhäuser | R. Cramer | Rosengang 1—2 | | | 20 | Küchenb. |
| Haus Christa | Ludw. Christoffers | Dünenstraße 12 | 1.25 | 1.50 | 17 | Küche |
| Tobias Doyen | Tobias Doyen | Wilhelmstraße 48 | 1.25 | 1.50 | 25 | |

Reihenfolge der Hotels, Pensionen, Logierhäuser und Kinderheime ist alphabetisch geordnet und bedingt keine Rangordnung

| Name | Besitzer | Straße | Vor- und Nachsaison von RM. an | Hauptsaison von RM. an | Bettenzahl | Bemerkungen |
|---|---|---|---|---|---|---|
| Haus Doyen | Harm Doyen | Adolf-Hitler-Straße 14 | 1.25 | 1.50 | 12 | Koche |
| Haus Dünenlust | Ihno Meyenburg | Dünenstraße 21 | 1.25 | 1.50 | 16 | Koche |
| Dünenrose | Anton Kleen | Wilhelmstraße 3 | 1.50 | 1.75 | 17 | |
| B. v. Echten | B. v. Echten | Wilhelmstraße 10 | | | 14 | Koche u. Kochenb. |
| Haus Elfriede | Trientje Heiken, Wwe. | Adolf-Hitler-Straße 11 | 1.25 | 1.50 | 10 | Kochenb. |
| Frau G. Eilers, Wwe. | Frau G. Eilers, Wwe. | Wilhelmstraße 11 | | | 4 | |
| Haus S. Freese | S. Freese | Wilhelmstraße 8 | 1.50 | 1.75 | 8 | ZH., Fl.W. |
| Haus Frohsinn | Paul Rump | Billstraße 13 | 1.25 | 1.50 | 12 | Koche |
| Haus Flora | Frau Tob. Breeden, Wwe. | Friesenstraße 8 | | | 8 | |
| Haus Frisia | Bernh. Eilers | Herrenstrandstraße 1 | 1.25 | 1.50 | 12 | Kochenb. |
| Haus Gatena | Grete Gatena | Billstraße 12 | 1.25 | 1.50 | 15 | Kochenb. |
| H. O. Habbinga | H. O. Habbinga | Wilhelmstraße 54 | 1.25 | 1.50 | 7 | |
| Haus Hoff | Alb. Janssen | Dünenstraße 3 | | | 6 | Koobe |
| Haus Hook | Aug. Müller | Hermann-Göring-Str. 4 | 1.25 | 1.50 | 16 | Fl.W., Koche |
| Villa Inselfriede | Peter Freese | Billstraße 11 | 1.25 | 1.50 | 14 | Koche |
| Insulanerhäuschen | Ad. Arends | Wilhelmstraße 12 | | | 8 | Kochenb. |
| Haus Georg Janssen | Georg Janssen | Dünenstraße 23 | | | 10 | Koche |
| Haus Johannes Janssen | Johannes Janssen | Uferstraße 7 | 1.25 | 1.50 | 10 | |
| Villa Johanne-Antine | Johannes Wiers | Wilhelmstraße 2 | 1.25 | 1.50 | 22 | |
| Haus Karlsruhe | Heiko Heiken | Rettungsweg 3 | 1.50 | 1.75 | 18 | |
| Haus Gerh. Kleen | Gerh. Kleen | Billstraße 17 | 1.25 | 1.50 | 12 | Kochenb. |
| Frau Klooster, Wwe. | Frau Klooster, Wwe. | Dünenstraße 22 | | | 6 | Kochenb. |
| Frau Mamminga | Frau Mamminga, Wwe. | Dünenstraße 1 | 1.25 | 1.50 | 6 | |
| Friedr. Mundt | Friedr. Mundt | Damenpfad 1 | 1.50 | 1.75 | 14 | |
| Villa Nordsee | Martin Kleen | Billstraße 6 | 1.25 | 1.50 | 20 | Kochenb. |
| Haus Onnen | Johanne Fischer | Hellerstraße 1 | 1.25 | 1.50 | 15 | Kochenb. |
| Frau Talea Pabst | Pabst, Wwe. | Strandstraße 16 | 1.25 | 1.50 | 26 | |
| Haus Paula | D. Lüpkes | Adolf-Hitler-Straße 5 | 1.25 | 1.50 | 10 | Kochenb. |
| Fr. Peters | Fr. Peters | Dünenstraße 19 | 1.25 | 1.50 | 10 | Kochenb. |
| Haus E. Rehfeldt | E. Rehfeldt | Hugo-Droste-Straße 6 | 1.25 | 1.50 | 10 | Koche |
| Haus Rosendahl | Fr. Rosendahl | Friesenstraße 34 | 1.25 | 1.50 | 20 | |
| Ernst Rother | Ernst Rother | Billstraße | 1.25 | 1.50 | | |
| Ed. Schmidt | Ed. Schmidt | Bahnhofstraße 5 | 1.25 | 1.50 | | |
| Villa Schmidt | G. P. Schmidt | Wilhelmstraße 49 | 1.25 | 1.50 | 20 | |
| Haus Seelust | Geschw. Wilken | Wilhelmstraße 31 | 1.25 | 1.50 | 30 | |
| Haus Sonnenschein | Joh. Fischer | Hugo-Droste-Straße 3 | | | 7 | Koche |
| Haus Ufen | Heinr. Schmidt | Friesenstraße 6 | 1.25 | 1.50 | 20 | Koche |
| Haus Ulrichsruh | U. Block | Billstraße 5 | 1.25 | 1.50 | 12 | Kochenb. |
| Gretchen de Vries | Gretchen de Vries | Uferstraße 20 | | | 8 | Kochenb. |
| Haus J. de Vries | Johs. de Vries | Wilhelmstraße 55 | 1.25 | 1.50 | 15 | Fl.W. |
| Haus Wattenmeer | Rich. Lehmann | Uferstraße 14 | 1.25 | 1.50 | 10 | |
| Haus Wäcken | J. K. Wäcken, Wwe. | Wilhelmstraße 19 | | | 8 | Koche |

## Kinderheime

| Name | Besitzer | Straße | | | | |
|---|---|---|---|---|---|---|
| Haus Eckart | Hospizgesellsch. Berlin | Dünenstraße 15 | | | | |
| Geschw. Günther Tilemann Knabenheim Haus Vaterland | | | | | | |